세움 시편을 쓴다 1

개역
개정

세움

시편을 쓴다 1

내 안에 주님을 세우는 시간

아가페

이렇게 사용하세요

제목에 쓰인 '세움'은 교회, 가정, 개인의 신앙을 바로세운다는 의미입니다.
기독교 신앙의 근본인 성경을 차분히 쓰면서 삶에 적용하면 뜻깊은 시간이 될 것입니다.

1 조용히 말씀에 집중할 수 있는 장소를 선택합니다.

2 먼저 눈으로 읽은 후, 소리 내어 한 번 더 읽습니다.

3 읽은 말씀을 기억하며 써 내려갑니다.

4 이해하기 어려운 단어나 문장은 『아가페 쉬운성경』으로 한 번 더 읽으면 도움이 됩니다.
포스트잇이나 메모지에 그 뜻을 적어 붙여두면 더 애정이 가는 나만의 쓰기성경이 됩니다.

5 말씀을 쓰고 난 후 '시편으로 드리는 기도'로 마무리하세요.

6 본문 말씀을 개인에게 적용하면서 '말씀 적용하기'에 기록해 보세요.
미니 일기장이 됩니다.

시편을 쓰기 전 알아두기

누가 지었나? 다수의 시편이 저자 미상. 이름을 밝힌 시의 저자로 다윗, 아삽, 고라 자손, 모세, 솔로몬, 헤만, 에단 등이 있습니다.

언제 썼나? BC 1400년경~580년.

왜 썼나? 처음에는 개인의 찬양과 기도를 드리기 위함이었습니다. 그러나 후에 그 시를 한 권의 성경으로 묶어 신앙공동체의 예배나 개인의 신앙적인 목적으로 사용했고, 그때부터 시편의 목적은 신앙의 내용인 찬양과 기도에 대해 가르치는 것으로 바뀌었습니다.

무엇을 썼나? 핵심 내용은 인간의 모든 삶을 주관하시고 하늘과 땅의 주인이신 하나님을 온전히 신뢰하라는 것입니다. 이 같은 내용을 토대로 개인의 고난과 시련에 대해 하나님께 탄식하거나 감사 찬양하는 내용이 담겨 있습니다. 그 외에도 하나님의 지혜, 왕의 등극, 전쟁에 대한 내용이 들어 있습니다.

특징은?

시편은 이스라엘의 찬양과 기도 모음집입니다. 다른 구약성경은 하나님의 백성을 향한 하나님의 부르심과 구원 행동이 들어있는 반면, 시편은 그것에 대한 백성들의 응답인 찬양과 기도가 기록되어 있습니다. 찬양은 하나님에 대해 말하는 것이며, 기도는 하나님께 말하는 것입니다. 시편은 여러 사람이 각기 다른 상황과 장소에서 기록한 시 모음집이지만, 그 시들은 일정한 유형으로 분류됩니다. 크게 하나님의 구원과 도우심을 찬양하는 찬양시, 고난 중에 도움을 부르짖는 탄식시, 하나님께 감사하는 감사시, 왕들에 대한 제왕시이며, 그 외에도 신뢰시와 지혜시 등이 있습니다. 가장 많은 것이 탄식시입니다.

시편을 묵상할 때는 그 속에 담긴 메시지를 읽어내려고 노력해야 합니다. 그러면서 어떤 유형으로 기록되었고, 기본배경과 기본주제가 무엇인지 파악해야 합니다. 동시에 모두 시이므로 표현 자체의 아름다움을 느껴보아야 합니다.

제일권 제1편

의인과 악인의 서로 다른 삶과 종말을 대비하며,
하나님을 경외하는 것만이 인간이 살 길임을 보여줍니다.

1 복 있는 사람은 악인들의 꾀를
따르지 아니하며 죄인들의 길에
서지 아니하며 오만한 자들의 자
리에 앉지 아니하고
2 오직 여호와의 율법을 즐거워하
여 그의 율법을 주야로 [1]묵상하
는도다
3 그는 시냇가에 심은 나무가 철을
따라 열매를 맺으며 그 잎사귀가
마르지 아니함 같으니 그가 하는
모든 일이 다 형통하리로다
4 악인들은 그렇지 아니함이여 오직
바람에 나는 겨와 같도다

---

1 히, 작은 소리로 읊조리다

5 그러므로 악인들은 심판을 견디
지 못하며 죄인들이 의인들의 모
임에 들지 못하리로다
6 무릇 의인들의 길은 여호와께서
인정하시나 악인들의 길은 망하리
로다

5

6

시편으로 드리는 기도 하나님, 하나님의 말씀을 즐거워하는 사람이 되게 하소서.
그 말씀을 보고 듣고 느끼며 온몸으로 살아내게 하소서.
그래서 늘 복 있는 사람으로 살게 하소서.

말씀 적용하기

제2편

군왕들이 하나님과 하나님이 세우신 왕을 대적하려 하지만,
그 결과는 파멸뿐임을 노래합니다.

1 어찌하여 이방 나라들이 [1]분노하 1
며 민족들이 헛된 일을 꾸미는가
2 세상의 군왕들이 나서며 관원들 2
이 서로 꾀하여 여호와와 그의 기
름 부음 받은 자를 대적하며
3 우리가 그들의 맨 것을 끊고 그의 3
결박을 벗어 버리자 하는도다
4 하늘에 계신 이가 웃으심이여 주 4
께서 그들을 비웃으시리로다
5 그 때에 분을 발하며 진노하사 5
그들을 놀라게 하여 이르시기를
6 내가 나의 왕을 내 거룩한 산 시 6
온에 세웠다 하시리로다

---

1 소란

7 내가 여호와의 명령을 전하노라 7
여호와께서 내게 이르시되 너는
내 아들이라 오늘 내가 너를 낳았
도다
8 내게 구하라 내가 이방 나라를 네 8
유업으로 주리니 네 소유가 땅
끝까지 이르리로다
9 네가 철장으로 그들을 깨뜨림이 9
여 질그릇 같이 부수리라 하시
도다
10 그런즉 군왕들아 너희는 지혜를 10
얻으며 세상의 재판관들아 너희
는 교훈을 받을지어다
11 여호와를 경외함으로 섬기고 떨 11
며 즐거워할지어다

12 그의 아들에게 입맞추라 그렇지
아니하면 진노하심으로 너희가 길
에서 망하리니 그의 진노가 급하
심이라 여호와께 피하는 모든 사
람은 다 복이 있도다

12

시편으로 드리는 기도 하나님, 세상 사람들은 저마다 복을 구하며 살아갑니다. 그러나 성도인 우리는 하나님과 그 아들 예수 그리스도께만 참된 복이 있음을 믿고 늘 찬양하게 하소서.

말씀 적용하기

DATE . . .

제3편

압살롬을 피해 도피한 다윗이 자신의 심정을
하나님께 토로하면서 구원을 호소한 시입니다.

다윗이 그의 아들 압살롬을 피할 때에 지은 시

1 여호와여 나의 대적이 어찌 그리 많은지요 일어나 나를 치는 자가 많으니이다

2 많은 사람이 나를 대적하여 말하기를 그는 하나님께 구원을 받지 못한다 하나이다 (셀라)

3 여호와여 주는 나의 방패시요 나의 영광이시요 나의 머리를 드시는 자이시니이다

4 내가 나의 목소리로 여호와께 부르짖으니 그의 성산에서 응답하시는도다 (셀라)

5 내가 누워 자고 깨었으니 여호와께서 나를 붙드심이로다

다윗이 그의 아들 압살롬을 피할 때에 지은 시

1

2

3

4

5

6 천만인이 나를 에워싸 진 친다 하
여도 나는 두려워하지 아니하리
이다
7 여호와여 일어나소서 나의 하나
님이여 나를 구원하소서 주께서
나의 모든 원수의 뺨을 치시며 악
인의 이를 꺾으셨나이다
8 [1]구원은 여호와께 있사오니 주
의 복을 주의 백성에게 내리소서
(셀라)

6

7

8

시편으로 드리는 기도 하나님, 세상에서 원수들에게 험한 일을 당할 때
십자가에 달리신 예수님을 기억하게 하소서.
예수님의 고난을 생각하며 힘든 시기를 이겨내게 하소서.

말씀 적용하기

1 승리는

제4편

3편이 압살롬의 반역을 배경으로 환난 중에 쓰인 반면,
본 시는 환난이 지난 후 당시를 회고하면서 쓴 것으로 추정됩니다.

다윗의 시, 인도자를 따라 현악에 맞춘 노래

1 내 의의 하나님이여 내가 부를 때
에 응답하소서 곤란 중에 나를 너
그럽게 하셨사오니 내게 은혜를
베푸사 나의 기도를 들으소서
2 인생들아 어느 때까지 나의 영광
을 바꾸어 욕되게 하며 헛된 일을
좋아하고 거짓을 구하려는가 (셀
라)
3 여호와께서 자기를 위하여 경건
한 자를 택하신 줄 너희가 알지어
다 내가 그를 부를 때에 여호와
께서 들으시리로다

다윗의 시, 인도자를 따라 현악에 맞춘 노래

1

2

3

4 너희는 [1]떨며 범죄하지 말지어다
자리에 누워 심중에 말하고 잠잠
할지어다 (셀라)
5 의의 제사를 드리고 여호와를 의
지할지어다
6 여러 사람의 말이 우리에게 선을
보일 자 누구뇨 하오니 여호와여
주의 얼굴을 들어 우리에게 비추
소서
7 주께서 내 마음에 두신 기쁨은 그
들의 곡식과 새 포도주가 풍성할
때보다 더하니이다
8 내가 평안히 눕고 자기도 하리니
나를 안전히 살게 하시는 이는 오
직 여호와이시니이다

4

5

6

7

8

시편으로 드리는 기도 하나님, 하나님을 믿음의 눈으로 보게 하시고, 믿음의 귀로 듣게 하시며, 믿음으로 느끼게 하소서. 그리하여 늘 믿음 안에서 참된 신앙인으로 살게 하소서.

말씀 적용하기

1 분내어

DATE . . .

제5편

다윗은 아침을 맞이하면서 악인을 벌하고
의인을 구원해 달라고 하나님께 간구합니다.

다윗의 시, 인도자를 따라 관악에 맞춘 노래

1 여호와여 나의 말에 귀를 기울이
사 나의 심정을 헤아려 주소서
2 나의 왕, 나의 하나님이여 내가
부르짖는 소리를 들으소서 내가
주께 기도하나이다
3 여호와여 아침에 주께서 나의 소
리를 들으시리니 아침에 내가 주
께 기도하고 바라리이다
4 주는 죄악을 기뻐하는 신이 아니
시니 [1]악이 주와 함께 머물지 못
하며

다윗의 시, 인도자를 따라 관악에 맞춘 노래

1

2

3

4

---

1 악인이

5 오만한 자들이 주의 목전에 서지
못하리이다 주는 모든 행악자를
미워하시며
6 거짓말하는 자들을 멸망시키시리
이다 여호와께서는 피 흘리기를
즐기는 자와 속이는 자를 싫어하
시나이다
7 오직 나는 주의 풍성한 사랑을 힘
입어 주의 집에 들어가 주를 경외
함으로 성전을 향하여 예배하리
이다
8 여호와여 [1]나의 원수들로 말미암
아 주의 의로 나를 인도하시고 주
의 길을 내 목전에 곧게 하소서
9 그들의 입에 신실함이 없고 그들
의 심중이 심히 악하며 그들의 목
구멍은 열린 무덤 같고 그들의 혀
로는 아첨하나이다

---

1 엎드려 나를 기다리는 자들을 인하여

10 하나님이여 그들을 정죄하사 자
기 꾀에 빠지게 하시고 그 많은
허물로 말미암아 그들을 쫓아
내소서 그들이 주를 배역함이니
이다
11 그러나 주께 피하는 모든 사람은
다 기뻐하며 주의 보호로 말미암
아 영원히 기뻐 외치고 주의 이름
을 사랑하는 자들은 주를 즐거워
하리이다
12 여호와여 주는 의인에게 복을 주
시고 방패로 함 같이 은혜로 그를
호위하시리이다

10

11

12

시편으로 드리는 기도 하나님, 저를 괴롭히는 원수와 여러 문제들이 오히려 하나님께 더 가까이 나아가게 하는 도구가 되게 하소서. 도우시는 하나님으로 인해 참된 구원과 기쁨을 맛보게 하소서.

말씀 적용하기

제6편

기독교 전통에 따르면 이 시는
일곱 참회시(6, 32, 38, 51, 102, 130, 143편) 가운데 하나로,
시인은 자신의 죄를 통회하고 사죄의 확신을 노래합니다.

다윗의 시, 인도자를 따라 현악 여덟째 줄에 맞춘 노래

1 여호와여 주의 분노로 나를 책망하지 마시오며 주의 진노로 나를 징계하지 마옵소서

2 여호와여 내가 수척하였사오니 내게 은혜를 베푸소서 여호와여 나의 뼈가 떨리오니 나를 고치소서

3 나의 영혼도 매우 떨리나이다 여호와여 어느 때까지니이까

4 여호와여 돌아와 나의 영혼을 건지시며 주의 사랑으로 나를 구원하소서

5 사망 중에서는 주를 기억하는 일이 없사오니 스올에서 주께 감사할 자 누구리이까

다윗의 시, 인도자를 따라 현악 여덟째 줄에 맞춘 노래

1

2

3

4

5

6 내가 탄식함으로 피곤하여 밤마 6
다 눈물로 내 침상을 띄우며 내
요를 적시나이다
7 내 눈이 근심으로 말미암아 쇠하 7
며 내 모든 대적으로 말미암아 어
두워졌나이다
8 악을 행하는 너희는 다 나를 떠 8
나라 여호와께서 내 울음 소리를
들으셨도다
9 여호와께서 내 간구를 들으셨음 9
이여 여호와께서 내 기도를 받으
시리로다
10 내 모든 원수들이 부끄러움을 당 10
하고 심히 떪이여 갑자기 부끄러
워 물러가리로다

시편으로 드리는 기도 여호와 내 주 하나님, 아픔과 고통과 억울함 속에서도
저를 구원해 주셔서 감사합니다.
넘치는 기쁨으로 하나님을 찬양합니다.

말씀 적용하기

제7편

다윗이 사울에게 쫓겨 다닐 때 적대자의 중상모략을 받고서
하나님께 호소한 탄식시로, 하나님의 공의를 간구한 기도입니다.

다윗의 식가욘, 베냐민인 구시의 말에 따라 여호와께 드린 노래

1 여호와 내 하나님이여 내가 주께 피하오니 나를 쫓아오는 모든 자들에게서 나를 구원하여 내소서

2 건져낼 자가 없으면 그들이 사자 같이 나를 찢고 뜯을까 하나이다

3 여호와 내 하나님이여 내가 이런 일을 행하였거나 내 손에 죄악이 있거나

4 화친한 자를 악으로 갚았거나 내 대적에게서 까닭 없이 빼앗았거든

5 원수가 나의 영혼을 쫓아 잡아 내 생명을 땅에 짓밟게 하고 내 영광을 먼지 속에 살게 하소서 (셀라)

다윗의 식가욘, 베냐민인 구시의 말에 따라 여호와께 드린 노래

1

2

3

4

5

6 여호와여 진노로 일어나사 내 대
적들의 노를 막으시며 나를 위하
여 깨소서 주께서 심판을 명령하
셨나이다
7 민족들의 모임이 주를 두르게 하
시고 그 위 높은 자리에 돌아오
소서
8 여호와께서 만민에게 심판을 행
하시오니 여호와여 나의 의와
나의 성실함을 따라 나를 심판
하소서
9 악인의 악을 끊고 의인을 세우소
서 의로우신 하나님이 사람의 마
음과 양심을 감찰하시나이다
10 나의 방패는 마음이 정직한 자를
구원하시는 하나님께 있도다
11 하나님은 의로우신 재판장이심이
여 매일 분노하시는 하나님이시
로다

6

7

8

9

10

11

12 사람이 회개하지 아니하면 그가
그의 칼을 가심이여 그의 활을 이
미 당기어 예비하셨도다
13 죽일 도구를 또한 예비하심이여
그가 만든 화살은 불화살들이
로다
14 악인이 죄악을 낳음이여 재앙을
배어 거짓을 낳았도다
15 그가 웅덩이를 파 만듦이여 제가
만든 함정에 빠졌도다
16 그의 재앙은 자기 머리로 돌아가
고 그의 포악은 자기 정수리에 내
리리로다
17 내가 여호와께 그의 의를 따라
감사함이여 지존하신 여호와의
이름을 찬양하리로다

12

13

14

15

16

17

시편으로 드리는 기도 하나님, 악한 원수들로 인해 괴로울 때도 저를 사랑하고 도우시는 하나님의 구원을 믿습니다. 끝까지 이 믿음 붙잡고 살아가게 하소서.

말씀 적용하기

제8편

자연계에 드러난 창조주 하나님의 권능과 영광,
그리고 인간에 대한 은총을 감사하고 찬양한 다윗의 시입니다.

다윗의 시, 인도자를 따라 깃딧에 맞춘 노래

1 여호와 우리 주여 주의 이름이 온
땅에 어찌 그리 아름다운지요 주
의 영광이 하늘을 덮었나이다
2 주의 대적으로 말미암아 어린 아
이들과 젖먹이들의 입으로 권능
을 세우심이여 이는 원수들과 보
복자들을 잠잠하게 하려 하심이
니이다
3 주의 손가락으로 만드신 주의 하
늘과 주께서 베풀어 두신 달과 별
들을 내가 보오니
4 사람이 무엇이기에 주께서 그를
생각하시며 인자가 무엇이기에 주
께서 그를 돌보시나이까

다윗의 시, 인도자를 따라 깃딧에 맞춘 노래

1

2

3

4

5 그를 [1]하나님보다 조금 못하게 5
하시고 영화와 존귀로 관을 씌우
셨나이다
6 주의 손으로 만드신 것을 다스리 6
게 하시고 만물을 그의 발 아래
두셨으니
7 곧 모든 소와 양과 들짐승이며 7
8 공중의 새와 바다의 물고기와 8
[2]바닷길에 다니는 것이니이다
9 여호와 우리 주여 주의 이름이 온 9
땅에 어찌 그리 아름다운지요

시편으로 드리는 기도 하나님, 아무것도 아닌 저를 귀히 여겨주셔서 감사합니다.
참된 신자로서 존귀한 삶을 살게 하시고,
삶의 모든 순간에서 하나님을 발견하게 하소서.

말씀 적용하기

1 또는 천사

2 또는 물

DATE . . .

제9편

시인은 하나님이 자신의 대적을 물리쳐주심을 감사하고,
앞으로도 악인은 심판하고 의인은 구원해 주시기를 기도합니다.

다윗의 시, 인도자를 따라 뭇랍벤에 맞춘 노래

1 내가 전심으로 여호와께 감사하오며 주의 모든 기이한 일들을 전하리이다

2 내가 주를 기뻐하고 즐거워하며 지존하신 주의 이름을 찬송하리니

3 내 원수들이 물러갈 때에 주 앞에서 넘어져 망함이니이다

4 주께서 나의 의와 송사를 변호하셨으며 보좌에 앉으사 의롭게 심판하셨나이다

5 이방 나라들을 책망하시고 악인을 멸하시며 그들의 이름을 영원히 지우셨나이다

다윗의 시, 인도자를 따라 뭇랍벤에 맞춘 노래

1

2

3

4

5

6 원수가 끊어져 영원히 멸망하였사
오니 주께서 무너뜨린 성읍들을
기억할 수 없나이다
7 여호와께서 영원히 앉으심이여
심판을 위하여 보좌를 준비하셨
도다
8 공의로 세계를 심판하심이여 정직
으로 만민에게 판결을 내리시리
로다
9 여호와는 압제를 당하는 자의
요새이시요 환난 때의 요새이시
로다
10 여호와여 주의 이름을 아는 자는
주를 의지하오리니 이는 주를 찾
는 자들을 버리지 아니하심이니
이다
11 너희는 시온에 계신 여호와를 찬
송하며 그의 행사를 백성 중에 선
포할지어다

6

7

8

9

10

11

12 피 흘림을 심문하시는 이가 그들
을 기억하심이여 [1]가난한 자의 부
르짖음을 잊지 아니하시도다
13 여호와여 내게 은혜를 베푸소서
나를 사망의 문에서 일으키시는
주여 나를 미워하는 자에게서 받
는 나의 고통을 보소서
14 그리하시면 내가 주의 찬송을 다
전할 것이요 딸 시온의 문에서 주
의 구원을 기뻐하리이다
15 이방 나라들은 자기가 판 웅덩이
에 빠짐이여 자기가 숨긴 그물에
자기 발이 걸렸도다
16 여호와께서 자기를 알게 하사 심
판을 행하셨음이여 악인은 자기
가 손으로 행한 일에 스스로 얽혔
도다 (힉가욘, 셀라)
17 악인들이 스올로 돌아감이여 하
나님을 잊어버린 모든 이방 나라
들이 그리하리로다

12

13

14

15

16

17

1 겸비한 자

18 궁핍한 자가 항상 잊어버림을 당
하지 아니함이여 가난한 자들이
영원히 실망하지 아니하리로다
19 여호와여 일어나사 인생으로 승
리를 얻지 못하게 하시며 이방 나
라들이 주 앞에서 심판을 받게 하
소서
20 여호와여 그들을 두렵게 하시며
이방 나라들이 자기는 인생일 뿐
인 줄 알게 하소서 (셀라)

18

19

20

시편으로 드리는 기도 하나님, 환난을 당해 기도할 때 하나님이 어떤 분인지 더 구체적으로 알고 기도하게 하소서.
먼저 내 죄를 돌아보며 믿음으로 은혜를 구하게 하소서.

말씀 적용하기

제10편

시인은 악인의 득세는 잠깐이며,
의인은 그로 인해 신앙을 연단받는다는 것을 직시하고 있습니다.

1 여호와여 어찌하여 멀리 서시며
어찌하여 환난 때에 숨으시나
이까
2 악한 자가 교만하여 가련한 자를
심히 압박하오니 그들이 자기가
베푼 꾀에 빠지게 하소서
3 악인은 그의 마음의 욕심을 자랑
하며 탐욕을 부리는 자는 여호와
를 배반하여 멸시하나이다
4 악인은 그의 교만한 [1]얼굴로 말
하기를 여호와께서 이를 감찰하
지 아니하신다 하며 그의 모든 사
상에 하나님이 없다 하나이다

1 용모로 찾지 아니함이여 그 모든 사상에

5 그의 길은 언제든지 견고하고 주
의 심판은 높아서 그에게 미치지
못하오니 그는 그의 모든 대적들
을 멸시하며
6 그의 마음에 이르기를 나는 흔들
리지 아니하며 대대로 환난을 당
하지 아니하리라 하나이다
7 그의 입에는 저주와 거짓과 포악
이 충만하며 그의 혀 밑에는 잔해
와 죄악이 있나이다
8 그가 마을 구석진 곳에 앉으며 그
은밀한 곳에서 무죄한 자를 죽이
며 그의 눈은 가련한 자를 엿보나
이다
9 사자가 자기의 굴에 엎드림 같이
그가 은밀한 곳에 엎드려 가련한
자를 잡으려고 기다리며 자기 그
물을 끌어당겨 가련한 자를 잡나
이다

5

6

7

8

9

10 그가 구푸려 엎드리니 그의 포악
으로 말미암아 가련한 자들이 넘
어지나이다
11 그가 그의 마음에 이르기를 하나
님이 잊으셨고 그의 얼굴을 가리
셨으니 영원히 보지 아니하시리라
하나이다
12 여호와여 일어나옵소서 하나님이
여 손을 드옵소서 가난한 자들을
잊지 마옵소서
13 어찌하여 악인이 하나님을 멸시하
여 그의 마음에 이르기를 주는 감
찰하지 아니하리라 하나이까
14 주께서는 보셨나이다 주는 재앙
과 원한을 감찰하시고 주의 손으
로 [1]갚으려 하시오니 외로운 자
가 주를 의지하나이다 주는 벌
써부터 고아를 도우시는 이시니
이다

10

11

12

13

14

1 잡으려

15 악인의 팔을 꺾으소서 악한 자의
악을 더 이상 찾아낼 수 없을 때
까지 찾으소서
16 여호와께서는 영원무궁하도록
왕이시니 이방 나라들이 주의 땅
에서 멸망하였나이다
17 여호와여 주는 겸손한 자의 소원
을 들으셨사오니 그들의 마음을
[1]준비하시며 귀를 기울여 들으
시고
18 고아와 압제 당하는 자를 위하여
심판하사 세상에 속한 자가 다시
는 위협하지 못하게 하시리이다

15

16

17

18

시편으로 드리는 기도 하나님, 이 세상은 악하여 하나님이 없다고 합니다.
그러나 저는 하나님 없이는 살 수 없으니 홀로 버려두지 마소서.
험한 세상 길 가는 동안 늘 제 손을 잡아주소서.

말씀 적용하기

1 견고하게 하시며

제11편

악인의 횡포가 극심한 혼란 속에서도,
시인은 하나님을 의지함으로써
조금도 요동하지 않는다는 내용입니다.

다윗의 시, 인도자를 따라 부르는 노래

1 내가 여호와께 피하였거늘 너희
가 내 영혼에게 새 같이 네 산으
로 도망하라 함은 어찌함인가
2 악인이 활을 당기고 화살을 시위
에 먹임이여 마음이 바른 자를 어
두운 데서 쏘려 하는도다
3 [1]터가 무너지면 의인이 무엇을
하랴
4 여호와께서는 그의 성전에 계시
고 여호와의 보좌는 하늘에 있음
이여 그의 눈이 인생을 통촉하시
고 그의 안목이 그들을 감찰하시
도다

다윗의 시, 인도자를 따라 부르는 노래

1

2

3

4

1 터가 무너졌으니 의인의 행한 것이 무엇인고

5 여호와는 의인을 감찰하시고 악
인과 폭력을 좋아하는 자를 마음
에 미워하시도다
6 악인에게 그물을 던지시리니 불
과 유황과 태우는 바람이 그들의
잔의 소득이 되리로다
7 여호와는 의로우사 의로운 일을
좋아하시나니 정직한 자는 그의
얼굴을 뵈오리로다

5

6

7

시편으로 드리는 기도 하나님, 제 믿음의 기초가 흔들릴 때
제 삶의 모든 영역에 들어와 계신 하나님을 보게 하소서.
하나님이 우주의 창조자시며 주권자심을 믿고 고백하게 하소서.

말씀 적용하기

제12편

사회의 윤리와 도덕이 혼란에 빠진 세태 속에서,
다윗이 하나님께 답답한 심정을 토로한 기도입니다.

다윗의 시, 인도자를 따라 여덟째 줄에 맞춘 노래

1 여호와여 도우소서 경건한 자가 끊어지며 충실한 자들이 인생 중에 없어지나이다

2 그들이 이웃에게 각기 거짓을 말함이여 아첨하는 입술과 두 마음으로 말하는도다

3 여호와께서 모든 아첨하는 입술과 자랑하는 혀를 끊으시리니

4 그들이 말하기를 우리의 혀가 이기리라 우리 입술은 우리 것이니 우리를 주관할 자 누구리요 함이로다

다윗의 시, 인도자를 따라 여덟째 줄에 맞춘 노래

1

2

3

4

5 여호와의 말씀에 가련한 자들의
눌림과 궁핍한 자들의 탄식으로
말미암아 내가 이제 일어나 그를
그가 원하는 안전한 지대에 두리
라 하시도다
6 여호와의 말씀은 순결함이여 흙
도가니에 일곱 번 단련한 은 같
도다
7 여호와여 그들을 지키사 이 세대
로부터 영원까지 보존하시리이다
8 비열함이 인생 중에 높임을 받는
때에 악인들이 곳곳에서 날뛰는
도다

5

6

7

8

시편으로 드리는 기도 하나님, 순결한 말씀, 능력의 말씀을 주시는 하나님을 고난 중에 잠잠히 바라봅니다.
믿음 잃지 않도록 저를 붙잡아주시고, 하나님만 기뻐하게 하소서.

말씀 적용하기

제13편

대표적인 탄식시지만, 내용상 오히려 경건한 시인이
하나님을 더욱 의지하는 신뢰의 시라고 할 수 있습니다.

다윗의 시, 인도자를 따라 부르는 노래

1 여호와여 어느 때까지니이까 나를 영원히 잊으시나이까 주의 얼굴을 나에게서 어느 때까지 숨기시겠나이까

2 나의 영혼이 번민하고 종일토록 마음에 근심하기를 어느 때까지 하오며 내 원수가 나를 치며 자랑하기를 어느 때까지 하리이까

3 여호와 내 하나님이여 나를 생각하사 응답하시고 나의 눈을 밝히소서 두렵건대 내가 사망의 잠을 잘까 하오며

다윗의 시, 인도자를 따라 부르는 노래

1

2

3

4 두렵건대 나의 원수가 이르기를
내가 그를 이겼다 할까 하오며 내
가 흔들릴 때에 나의 대적들이 기
뻐할까 하나이다
5 나는 오직 주의 사랑을 의지하였
사오니 나의 마음은 주의 구원을
기뻐하리이다
6 내가 여호와를 찬송하리니 이는
주께서 내게 은덕을 베푸심이로다

시편으로 드리는 기도 하나님, 하나님은 저를 늘 살피시지만
저는 하나님을 볼 수 없습니다.
제게 믿음의 밝은 눈을 주시어 끝까지 하나님만 바라보게 하소서.

말씀 적용하기

제14편

53편과 내용이 같은 본 시는
악인의 행악이 하나님을 부인하는
실천적 무신론에서 비롯한 것임을 일깨워줍니다.

다윗의 시, 인도자를 따라 부르는 노래

1 어리석은 자는 그의 마음에 이르
기를 하나님이 없다 하는도다 그
들은 부패하고 그 행실이 가증하
니 선을 행하는 자가 없도다
2 여호와께서 하늘에서 인생을 굽
어살피사 지각이 있어 하나님을
찾는 자가 있는가 보려 하신즉
3 다 치우쳐 함께 더러운 자가 되고
선을 행하는 자가 없으니 하나도
없도다
4 죄악을 행하는 자는 다 무지하냐
그들이 떡 먹듯이 내 백성을 먹으
면서 여호와를 부르지 아니하는
도다

다윗의 시, 인도자를 따라 부르는 노래

1

2

3

4

5 그러나 거기서 그들은 두려워하
고 두려워하였으니 하나님이 의인
의 세대에 계심이로다
6 너희가 가난한 자의 계획을 부끄
럽게 하나 오직 여호와는 그의 피
난처가 되시도다
7 이스라엘의 구원이 시온에서 나
오기를 원하도다 여호와께서 그
의 백성을 포로된 곳에서 돌이키
실 때에 야곱이 즐거워하고 이스
라엘이 기뻐하리로다

5

6

7

시편으로 드리는 기도 하나님, 주위의 모든 사람이 하나님이 없다고 말할지라도
저는 하나님을 믿습니다.
늘 함께하시며 피난처가 되어주셔서 감사합니다.

말씀 적용하기

DATE . . .

제15편

공적 예배에 사용된 찬양시로서,
하나님의 장막에 거할 수 있는 자의 자격을 말합니다.

다윗의 시

1 여호와여 주의 장막에 머무를 자
누구오며 주의 성산에 사는 자 누
구오니이까
2 정직하게 행하며 공의를 실천하며
그의 마음에 진실을 말하며
3 그의 혀로 남을 허물하지 아니하
고 그의 이웃에게 악을 행하지 아
니하며 그의 이웃을 비방하지 아
니하며
4 그의 눈은 망령된 자를 멸시하며
여호와를 두려워하는 자들을 존
대하며 그의 마음에 서원한 것은
해로울지라도 변하지 아니하며

다윗의 시

1

2

3

4

5 이자를 받으려고 돈을 꾸어 주지
아니하며 뇌물을 받고 무죄한 자
를 해하지 아니하는 자이니 이런
일을 행하는 자는 영원히 흔들리
지 아니하리이다

5

시편으로 드리는 기도 하나님, 하나님이 베푸신 은혜와 구원을 바로 알게 하소서.
감사함으로 보답하는 삶을 살게 하시고,
모든 것을 받으시기에 합당한 하나님만 찬양하게 하소서.

말씀 적용하기

제16편

끊을래야 끊을 수 없는 하나님과의 관계 아래서
자신의 구원을 확신한 신뢰시입니다.

다윗의 믹담

1 하나님이여 나를 지켜 주소서 내
가 주께 피하나이다
2 내가 여호와께 아뢰되 주는 나의
주님이시오니 주 밖에는 나의 복
이 없다 하였나이다
3 땅에 있는 성도들은 존귀한 자들
이니 나의 모든 즐거움이 그들에
게 있도다
4 [1]다른 신에게 예물을 드리는 자
는 괴로움이 더할 것이라 나는 그
들이 드리는 피의 전제를 드리지
아니하며 내 입술로 그 이름도 부
르지 아니하리로다

다윗의 믹담

1

2

3

4

1 다른 신을 좇아 사는

5 여호와는 나의 산업과 나의 잔의
소득이시니 나의 분깃을 지키시나
이다
6 내게 줄로 재어 준 구역은 아름다
운 곳에 있음이여 나의 기업이 실
로 아름답도다
7 나를 훈계하신 여호와를 송축할
지라 밤마다 내 양심이 나를 교훈
하도다
8 내가 여호와를 항상 내 앞에 모심
이여 그가 나의 오른쪽에 계시므
로 내가 흔들리지 아니하리로다
9 이러므로 나의 마음이 기쁘고 나
의 [1]영도 즐거워하며 내 육체도
안전히 살리니
10 이는 주께서 내 영혼을 스올에
버리지 아니하시며 주의 거룩한
자를 멸망시키지 않으실 것임이니
이다

5

6

7

8

9

10

1 히, 영광

11 주께서 생명의 길을 내게 보이시
리니 주의 앞에는 충만한 기쁨이
있고 주의 오른쪽에는 영원한 즐
거움이 있나이다

11

시편으로 드리는 기도 하나님, 하나님 한 분만 믿게 하시고
임마누엘의 신앙을 확고히 갖게 하소서. 그래서 현실이 주는 아픔과 상관없이
하나님으로 말미암은 기쁨과 평안을 누리게 하소서.

말씀 적용하기

제17편

신앙 때문에 악인에게 핍박당하는 시인이
하나님을 의지하여 보호와 구원을 간구하는 시입니다.

다윗의 기도

1 여호와여 의의 호소를 들으소서
나의 울부짖음에 주의하소서 거
짓 되지 아니한 입술에서 나오는
나의 기도에 귀를 기울이소서
2 주께서 나를 판단하시며 주의 눈
으로 [1]공평함을 살피소서
3 주께서 내 마음을 시험하시고 밤
에 내게 오시어서 나를 감찰하셨
으나 흠을 찾지 못하셨사오니 내
가 결심하고 입으로 범죄하지 아
니하리이다
4 사람의 행사로 논하면 나는 주의
입술의 말씀을 따라 스스로 삼가
서 포악한 자의 길을 가지 아니하
였사오며

다윗의 기도

1

2

3

4

---

1 공평히

5 나의 걸음이 주의 길을 굳게 지키
고 실족하지 아니하였나이다
6 하나님이여 내게 응답하시겠으므
로 내가 불렀사오니 내게 귀를 기
울여 내 말을 들으소서
7 주께 피하는 자들을 그 일어나 치
는 자들에게서 오른손으로 구원
하시는 주여 주의 기이한 사랑을
나타내소서
8 나를 눈동자 같이 지키시고 주의
날개 그늘 아래에 감추사
9 내 앞에서 나를 압제하는 악인들
과 나의 목숨을 노리는 원수들에
게서 벗어나게 하소서
10 [1]그들의 마음은 기름에 잠겼으
며 그들의 입은 교만하게 말하나
이다
11 이제 우리가 걸어가는 것을 그들
이 에워싸서 노려보고 땅에 넘어
뜨리려 하나이다

5

6

7

8

9

10

11

1 히, 그들은 그들의 기름을 막았으며

12 그는 그 움킨 것을 찢으려 하는
사자 같으며 은밀한 곳에 엎드린
젊은 사자 같으니이다
13 여호와여 일어나 그를 대항하여
넘어뜨리시고 주의 칼로 악인에
게서 나의 영혼을 구원하소서
14 여호와여 이 세상에 살아 있는 동
안 그들의 분깃을 받은 사람들에
게서 주의 손으로 나를 구하소서
그들은 주의 재물로 배를 채우고
자녀로 만족하고 그들의 남은 산
업을 그들의 어린 아이들에게 물
려 주는 자니이다
15 나는 의로운 중에 주의 얼굴을
뵈오리니 깰 때에 주의 형상으로
만족하리이다

12

13

14

15

시편으로 드리는 기도 하나님, 천만인이 나를 에워싸 해치려고 달려들어도 저는 두렵지 않습니다. 저를 의롭다 하며 도우시는 분이 바로 하나님이기 때문입니다. 주님 앞에 늘 바로 서게 하소서.

말씀 적용하기

DATE . . .

제18편

사무엘하 22장과 내용이 유사한 본 시는,
다윗이 모든 원수의 손에서 자신을 구원해 주신
하나님께 감사를 표현한 시입니다.

여호와의 종 다윗의 시,
인도자를 따라 부르는 노래,
여호와께서 다윗을 그 모든 원수들의
손에서와 사울의 손에서
건져 주신 날에 다윗이
이 노래의 말로 여호와께
아뢰어 이르되

1 나의 힘이신 여호와여 내가 주를
사랑하나이다

2 여호와는 나의 반석이시요 나의
요새시요 나를 건지시는 이시요
나의 하나님이시요 내가 그 안에
피할 나의 바위시요 나의 방패시
요 나의 구원의 뿔이시요 나의 산
성이시로다

여호와의 종 다윗의 시,
인도자를 따라 부르는 노래,
여호와께서 다윗을 그 모든 원수들의
손에서와 사울의 손에서
건져 주신 날에 다윗이
이 노래의 말로 여호와께
아뢰어 이르되

1

2

3 내가 찬송 받으실 여호와께 아뢰
리니 내 원수들에게서 구원을 얻
으리로다
4 사망의 줄이 나를 얽고 불의의
[1]창수가 나를 두렵게 하였으며
5 스올의 줄이 나를 두르고 사망의
올무가 내게 이르렀도다
6 내가 환난 중에서 여호와께 아뢰
며 나의 하나님께 부르짖었더니
그가 그의 성전에서 내 소리를 들
으심이여 그의 앞에서 나의 부르
짖음이 그의 귀에 들렸도다
7 이에 땅이 진동하고 산들의 터도
요동하였으니 그의 진노로 말미
암음이로다
8 그의 코에서 연기가 오르고 입에
서 불이 나와 사름이여 그 불에
숯이 피었도다

3

4

5

6

7

8

1 비루한 창일이

9 그가 또 하늘을 드리우시고 강림
하시니 그의 발 아래는 어두캄캄
하도다
10 그룹을 타고 다니심이여 바람 날
개를 타고 높이 솟아오르셨도다
11 그가 흑암을 그의 숨는 곳으로
삼으사 장막 같이 자기를 두르게
하심이여 곧 물의 흑암과 공중의
빽빽한 구름으로 그리하시도다
12 그 앞에 광채로 말미암아 빽빽한
구름이 지나며 우박과 숯불이 내
리도다
13 여호와께서 하늘에서 우렛소리를
내시고 지존하신 이가 음성을 내
시며 우박과 숯불을 내리시도다
14 그의 화살을 날려 그들을 흩으심
이여 많은 번개로 그들을 깨뜨리
셨도다
15 이럴 때에 여호와의 꾸지람과 콧
김으로 말미암아 물 밑이 드러나
고 세상의 터가 나타났도다

9

10

11

12

13

14

15

16 그가 높은 곳에서 손을 펴사 나
를 붙잡아 주심이여 [1]많은 물에
서 나를 건져내셨도다
17 나를 강한 원수와 미워하는 자에
게서 건지셨음이여 그들은 나보
다 힘이 세기 때문이로다
18 그들이 나의 재앙의 날에 내게 이
르렀으나 여호와께서 나의 의지
가 되셨도다
19 나를 넓은 곳으로 인도하시고 나
를 기뻐하시므로 나를 구원하셨
도다
20 여호와께서 내 의를 따라 상 주
시며 내 손의 깨끗함을 따라 내
게 갚으셨으니
21 이는 내가 여호와의 도를 지키고
악하게 내 하나님을 떠나지 아니
하였으며

16

17

18

19

20

21

1 큰

22 그의 모든 규례가 내 앞에 있고
내게서 그의 율례를 버리지 아니
하였음이로다
23 또한 나는 그의 앞에 완전하여 나
의 죄악에서 스스로 자신을 지켰
나니
24 그러므로 여호와께서 내 의를 따
라 갚으시되 그의 목전에서 내 손
이 깨끗한 만큼 내게 갚으셨도다
25 자비로운 자에게는 주의 자비로
우심을 나타내시며 완전한 자에
게는 주의 완전하심을 보이시며
26 깨끗한 자에게는 주의 깨끗하심
을 보이시며 사악한 자에게는 주
의 거스르심을 보이시리니
27 주께서 곤고한 백성은 구원하시
고 교만한 눈은 낮추시리이다
28 주께서 나의 등불을 켜심이여 여
호와 내 하나님이 내 흑암을 밝히
시리이다

22

23

24

25

26

27

28

29 내가 주를 의뢰하고 적군을 향해
달리며 내 하나님을 의지하고 담
을 뛰어넘나이다
30 하나님의 도는 완전하고 여호와
의 말씀은 순수하니 그는 자기에
게 피하는 모든 자의 방패시로다
31 여호와 외에 누가 하나님이며 우
리 하나님 외에 누가 반석이냐
32 이 하나님이 힘으로 내게 띠 띠우
시며 내 길을 완전하게 하시며
33 나의 발을 암사슴 발 같게 하시며
나를 나의 높은 곳에 세우시며
34 내 손을 가르쳐 싸우게 하시니 내
팔이 놋 활을 당기도다
35 또 주께서 주의 구원하는 방패를
내게 주시며 주의 오른손이 나를
붙들고 주의 온유함이 나를 크게
하셨나이다
36 내 걸음을 넓게 하셨고 나를 실족
하지 않게 하셨나이다

29

30

31

32

33

34

35

36

37 내가 내 원수를 뒤쫓아가리니 그
들이 망하기 전에는 돌아서지 아
니하리이다
38 내가 그들을 쳐서 능히 일어나지
못하게 하리니 그들이 내 발 아래
에 엎드러지리이다
39 주께서 나를 전쟁하게 하려고 능
력으로 내게 띠 띠우사 일어나 나
를 치는 자들이 내게 굴복하게 하
셨나이다
40 또 주께서 내 원수들에게 등을
내게로 향하게 하시고 나를 미워
하는 자들을 내가 끊어 버리게 하
셨나이다
41 그들이 부르짖으나 구원할 자가
없었고 여호와께 부르짖어도 그
들에게 대답하지 아니하셨나이다
42 내가 그들을 바람 앞에 티끌 같이
부서뜨리고 거리의 진흙 같이 쏟
아 버렸나이다

37

38

39

40

41

42

43 주께서 나를 백성의 다툼에서 건
지시고 여러 민족의 으뜸으로 삼
으셨으니 내가 알지 못하는 백성
이 나를 섬기리이다
44 그들이 내 소문을 들은 즉시로
내게 청종함이여 이방인들이 내게
복종하리로다
45 이방 자손들이 쇠잔하여 그 견고
한 곳에서 떨며 나오리로다
46 여호와는 살아 계시니 나의 반석
을 찬송하며 내 구원의 하나님을
높일지로다
47 이 하나님이 나를 위하여 보복해
주시고 민족들이 내게 복종하게
해 주시도다
48 주께서 나를 내 원수들에게서 구
조하시니 주께서 나를 대적하는
자들의 위에 나를 높이 드시고
나를 포악한 자에게서 건지시나
이다

43

44

45

46

47

48

49 여호와여 이러므로 내가 이방 나
라들 중에서 주께 감사하며 주의
이름을 찬송하리이다
50 여호와께서 그 왕에게 큰 구원을
주시며 기름 부음 받은 자에게 인
자를 베푸심이여 영원토록 다윗
과 그 후손에게로다

49

50

시편으로 드리는 기도 왕이신 하나님, 하나님의 영광스러운 자녀인 저도
다윗처럼 하나님을 사랑하게 하소서.
제가 하나님의 기쁨임을 알게 하시고, 하나님 앞에서 늘 거룩하게 하소서.

말씀 적용하기

제19편

자연과 율법(토라)에 나타난 하나님의 권능과 위엄,
그리고 오묘한 섭리를 노래한 찬양시입니다.

다윗의 시, 인도자를 따라 부르는 노래

1 하늘이 하나님의 영광을 선포하
고 궁창이 그의 손으로 하신 일을
나타내는도다
2 날은 날에게 말하고 밤은 밤에게
지식을 전하니
3 언어도 없고 말씀도 없으며 들리
는 소리도 없으나
4 그의 [1]소리가 온 땅에 통하고 그
의 말씀이 세상 끝까지 이르도다
하나님이 해를 위하여 하늘에 장
막을 베푸셨도다
5 해는 그의 신방에서 나오는 신랑
과 같고 그의 길을 달리기 기뻐하
는 장사 같아서

다윗의 시, 인도자를 따라 부르는 노래

1

2

3

4

5

1 줄이

6 하늘 이 끝에서 나와서 하늘 저
끝까지 운행함이여 그의 열기에
서 피할 자가 없도다
7 여호와의 율법은 완전하여 영혼
을 소성시키며 여호와의 증거는
확실하여 우둔한 자를 지혜롭게
하며
8 여호와의 교훈은 정직하여 마음
을 기쁘게 하고 여호와의 계명은
순결하여 눈을 밝게 하시도다
9 여호와를 경외하는 도는 정결하
여 영원까지 이르고 여호와의 법
도 진실하여 다 의로우니
10 금 곧 많은 순금보다 더 사모할
것이며 꿀과 송이꿀보다 더 달
도다
11 또 주의 종이 이것으로 경고를 받
고 이것을 지킴으로 상이 크니이다
12 자기 허물을 능히 깨달을 자 누구
리요 나를 숨은 허물에서 벗어나
게 하소서

6

7

8

9

10

11

12

13 또 주의 종에게 고의로 죄를 짓
지 말게 하사 그 죄가 나를 주장
하지 못하게 하소서 그리하면 내
가 정직하여 큰 죄과에서 벗어나
겠나이다
14 나의 반석이시요 나의 구속자이
신 여호와여 내 입의 말과 마음의
[1]묵상이 주님 앞에 열납되기를
원하나이다

13

14

시편으로 드리는 기도 하나님, 하나님의 살아계심과 다스리심을 삶의 매 순간 알게 하시고, 하나님의 말씀 속에서 깨닫게 하소서. 하나님께 한없는 영광과 감사를 올려 드립니다.

말씀 적용하기

1 히, '묵상'은 '작은 소리로 읊조리다'는 의미도 있다

제20편

전쟁의 승패가 하나님 손에 달려 있음을 안 다윗은,
하나님이 자기에게 반드시 승리를 베푸실 것을 믿었습니다.

다윗의 시, 인도자를 따라 부르는 노래

1 환난 날에 여호와께서 네게 응답하시고 야곱의 하나님의 이름이 너를 높이 드시며

2 성소에서 너를 도와 주시고 시온에서 너를 붙드시며

3 네 모든 소제를 기억하시며 네 번제를 받아 주시기를 원하노라 (셀라)

4 네 마음의 소원대로 허락하시고 네 모든 계획을 이루어 주시기를 원하노라

다윗의 시, 인도자를 따라 부르는 노래

1

2

3

4

5 우리가 너의 승리로 말미암아 개
가를 부르며 우리 하나님의 이름
으로 우리의 깃발을 세우리니 여
호와께서 네 모든 기도를 이루어
주시기를 원하노라
6 여호와께서 자기에게 기름 부음
받은 자를 구원하시는 줄 이제 내
가 아노니 그의 오른손의 구원하
는 힘으로 그의 거룩한 하늘에서
그에게 응답하시리로다
7 어떤 사람은 병거, 어떤 사람은
말을 의지하나 우리는 여호와
우리 하나님의 이름을 자랑하리
로다
8 그들은 비틀거리며 엎드러지고
우리는 일어나 바로 서도다

5

6

7

8

DATE . . .

9 [1]여호와여 왕을 구원하소서 우
리가 부를 때에 우리에게 응답하
소서

9

시편으로 드리는 기도 하나님, 살아가면서 여러 시험을 겪게 됩니다.
주님을 의지하고 하나님의 이름으로 기도하며 나아가, 그 시험에서 승리하게 하소서.

말씀 적용하기

1 또는 왕이신 여호와여 구원하소서

제21편

20편이 승전을 기원한 시인 반면,
본 시는 승리한 후 돌아와 하나님께 드리는 감사의 찬양입니다.

다윗의 시, 인도자를 따라 부르는 노래

1 여호와여 왕이 주의 힘으로 말미암아 기뻐하며 주의 구원으로 말미암아 크게 즐거워하리이다

2 그의 마음의 소원을 들어 주셨으며 그의 입술의 요구를 거절하지 아니하셨나이다 (셀라)

3 주의 아름다운 복으로 그를 영접하시고 순금 관을 그의 머리에 씌우셨나이다

4 그가 생명을 구하매 주께서 그에게 주셨으니 곧 영원한 장수로소이다

다윗의 시, 인도자를 따라 부르는 노래

1

2

3

4

5 주의 구원이 그의 영광을 크게 하
시고 존귀와 위엄을 그에게 입히
시나이다
6 그가 영원토록 지극한 [1]복을 받
게 하시며 주 앞에서 기쁘고 즐겁
게 하시나이다
7 왕이 여호와를 의지하오니 지존
하신 이의 인자함으로 흔들리지
아니하리이다
8 왕의 손이 왕의 모든 원수들을
찾아냄이여 왕의 오른손이 왕을
미워하는 자들을 찾아내리로다
9 왕이 노하실 때에 그들을 풀무불
같게 할 것이라 여호와께서 진노
하사 그들을 삼키시리니 불이 그
들을 소멸하리로다
10 왕이 그들의 [2]후손을 땅에서 멸
함이여 그들의 자손을 사람 중에
서 끊으리로다

1 복이 되게
2 열매를

11 비록 그들이 왕을 해하려 하여 음
모를 꾸몄으나 이루지 못하도다
12 왕이 그들로 돌아서게 함이여 그
들의 얼굴을 향하여 활시위를 당
기리로다
13 여호와여 주의 능력으로 높임을
받으소서 우리가 주의 권능을 노
래하고 찬송하게 하소서

11

12

13

시편으로 드리는 기도 하나님, 하나님의 살아계심과 신실한 약속을 믿습니다.
그러나 제 믿음이 너무도 부족합니다.
하나님과 약속의 말씀을 끝까지 붙잡고 의지하도록 도우소서.

말씀 적용하기

DATE . . .

제22편

대적자들에게 핍박받은 시인이
하나님께 부르짖은 내용의 본 시는
그리스도의 수난을 예언한 메시아 예언시입니다.

다윗의 시, 인도자를 따라

[1]아얠렛샤할에 맞춘 노래

1 내 하나님이여 내 하나님이여 어찌 나를 버리셨나이까 어찌 나를 멀리 하여 돕지 아니하시오며 내 신음 소리를 듣지 아니하시나이까

2 내 하나님이여 내가 낮에도 부르짖고 밤에도 잠잠하지 아니하오나 응답하지 아니하시나이다

3 이스라엘의 찬송 중에 계시는 주여 주는 거룩하시니이다

4 우리 조상들이 주께 의뢰하고 의뢰하였으므로 그들을 건지셨나이다

다윗의 시, 인도자를 따라

아얠렛샤할에 맞춘 노래

1

2

3

4

1 사슴이란 곡조에

5 그들이 주께 부르짖어 구원을 얻
고 주께 의뢰하여 수치를 당하지
아니하였나이다
6 나는 벌레요 사람이 아니라 사람
의 비방거리요 백성의 조롱거리니
이다
7 나를 보는 자는 다 나를 비웃으
며 입술을 비쭉거리고 머리를 흔
들며 말하되
8 그가 여호와께 의탁하니 구원하
실 걸, 그를 기뻐하시니 건지실 걸
하나이다
9 오직 주께서 나를 모태에서 나오
게 하시고 내 어머니의 젖을 먹을
때에 의지하게 하셨나이다
10 내가 날 때부터 주께 맡긴 바 되
었고 모태에서 나올 때부터 주는
나의 하나님이 되셨나이다
11 나를 멀리 하지 마옵소서 환난이
가까우나 도울 자 없나이다

12 많은 황소가 나를 에워싸며 바산
의 힘센 소들이 나를 둘러쌌으며
13 내게 그 입을 벌림이 찢으며 부르
짖는 사자 같으니이다
14 나는 물 같이 쏟아졌으며 내 모든
뼈는 어그러졌으며 내 마음은 밀
랍 같아서 내 속에서 녹았으며
15 내 힘이 말라 질그릇 조각 같고
내 혀가 입천장에 붙었나이다 주
께서 또 나를 죽음의 진토 속에
두셨나이다
16 개들이 나를 에워쌌으며 악한 무
리가 나를 둘러 내 수족을 찔렀나
이다
17 내가 내 모든 뼈를 셀 수 있나이
다 그들이 나를 주목하여 보고
18 내 겉옷을 나누며 속옷을 제비 뽑
나이다
19 여호와여 멀리 하지 마옵소서 나
의 힘이시여 속히 나를 도우소서

12

13

14

15

16

17

18

19

20 내 생명을 칼에서 건지시며 [1]내 유일한 것을 개의 세력에서 구하소서

21 나를 사자의 입에서 구하소서 주께서 내게 응답하시고 들소의 뿔에서 구원하셨나이다

22 내가 주의 이름을 형제에게 선포하고 회중 가운데에서 주를 찬송하리이다

23 여호와를 두려워하는 너희여 그를 찬송할지어다 야곱의 모든 자손이여 그에게 영광을 돌릴지어다 너희 이스라엘 모든 자손이여 그를 경외할지어다

24 그는 곤고한 자의 곤고를 멸시하거나 싫어하지 아니하시며 그의 얼굴을 그에게서 숨기지 아니하시고 그가 울부짖을 때에 들으셨도다

20

21

22

23

24

---

1 내 생명

25 큰 회중 가운데에서 나의 찬송은
주께로부터 온 것이니 주를 경외
하는 자 앞에서 나의 서원을 갚으
리이다
26 겸손한 자는 먹고 배부를 것이며
여호와를 찾는 자는 그를 찬송할
것이라 너희 마음은 영원히 살지
어다
27 땅의 모든 끝이 여호와를 기억하
고 돌아오며 모든 나라의 모든
족속이 주의 앞에 예배하리니
28 나라는 여호와의 것이요 여호와
는 모든 나라의 주재심이로다
29 세상의 모든 풍성한 자가 먹고 경
배할 것이요 진토 속으로 내려가
는 자 곧 자기 영혼을 살리지 못
할 자도 다 그 앞에 절하리로다
30 후손이 그를 섬길 것이요 대대에
주를 전할 것이며

25

26

27

28

29

30

31 와서 그의 공의를 태어날 백성에
게 전함이여 주께서 이를 행하셨
다 할 것이로다

31

시편으로 드리는 기도 하나님, 밤낮으로 하나님을 바라봅니다.
하나님 없이는 살 수 없기 때문입니다.
제 부르짖음에 응답하시고, 구원의 확신 가운데 주님만 찬양하며 높이게 하소서.

말씀 적용하기

DATE . . .

제23편

하나님과 성도의 관계를 목자와 양의 관계에 비유합니다.
22편이 고난의 시라면, 23편은 안식의 시라 할 수 있습니다.

다윗의 시

1 여호와는 나의 목자시니 내게 부
족함이 없으리로다
2 그가 나를 푸른 풀밭에 누이시며
쉴 만한 물 가로 인도하시는도다
3 내 영혼을 소생시키시고 자기 이
름을 위하여 의의 길로 인도하시
는도다
4 내가 사망의 음침한 골짜기로 다
닐지라도 해를 두려워하지 않을
것은 주께서 나와 함께 하심이라
주의 지팡이와 막대기가 나를 안
위하시나이다
5 주께서 내 원수의 목전에서 내게
상을 차려 주시고 기름을 내 머리
에 부으셨으니 내 잔이 넘치나이다

다윗의 시

1

2

3

4

5

6 내 평생에 선하심과 인자하심이
반드시 나를 따르리니 내가 여호
와의 집에 영원히 살리로다

6

시편으로 드리는 기도 제 영혼의 목자이신 우리 주 예수 그리스도를 찬양합니다. 제 부족한 믿음을 채워주시고, 목자 되신 주님을 늘 바라보며 그 인도하심을 따르게 하소서.

말씀 적용하기

DATE . . .

제24편

본 시는 다윗이 여호와의 법궤를 예루살렘으로 옮긴
사건(삼하 6:12-19)을 연상시키는데,
후에는 성전에 입장할 때 부르는 찬양시 역할을 합니다.

다윗의 시

1 땅과 거기에 충만한 것과 세계와 그 가운데에 사는 자들은 다 여호와의 것이로다

2 여호와께서 그 터를 바다 위에 세우심이여 강들 위에 건설하셨도다

3 여호와의 산에 오를 자가 누구며 그의 거룩한 곳에 설 자가 누구인가

4 곧 손이 깨끗하며 마음이 청결하며 뜻을 허탄한 데에 두지 아니하며 거짓 맹세하지 아니하는 자로다

5 그는 여호와께 복을 받고 구원의 하나님께 의를 얻으리니

다윗의 시

1

2

3

4

5

6 이는 여호와를 찾는 족속이요 야
곱의 하나님의 얼굴을 구하는 자
로다 (셀라)
7 문들아 너희 머리를 들지어다 영
원한 문들아 들릴지어다 영광의
왕이 들어가시리로다
8 영광의 왕이 누구시냐 강하고 능
한 여호와시요 전쟁에 능한 여호
와시로다
9 문들아 너희 머리를 들지어다 영
원한 문들아 들릴지어다 영광의
왕이 들어가시리로다
10 영광의 왕이 누구시냐 만군의 여
호와께서 곧 영광의 왕이시로다
(셀라)

6

7

8

9

10

시편으로 드리는 기도 하나님, 이 세상을 사는 동안 거룩하고 정결하게 하소서. 영광의 왕이신 주 하나님을 높이며, 올바르고 정직한 삶을 살게 하소서.

말씀 적용하기

DATE . . .

제25편

다윗은 자신의 죄과로 당하는 수난 속에서
하나님의 도우심을 간구하며,
눈물로 자신의 죄를 회개합니다.

다윗의 시

1 여호와여 나의 영혼이 주를 우러
러보나이다
2 나의 하나님이여 내가 주께 의지
하였사오니 나를 부끄럽지 않게
하시고 나의 원수들이 나를 이겨
개가를 부르지 못하게 하소서
3 주를 바라는 자들은 수치를 당하
지 아니하려니와 까닭 없이 속이
는 자들은 수치를 당하리이다
4 여호와여 주의 도를 내게 보이시
고 주의 길을 내게 가르치소서
5 주의 진리로 나를 지도하시고 교
훈하소서 주는 내 구원의 하나님
이시니 내가 종일 주를 기다리나
이다

다윗의 시

1

2

3

4

5

6 여호와여 주의 긍휼하심과 인자
하심이 영원부터 있었사오니 주여
이것들을 기억하옵소서
7 여호와여 내 젊은 시절의 죄와 허
물을 기억하지 마시고 주의 인자
하심을 따라 주께서 나를 기억하
시되 주의 선하심으로 하옵소서
8 여호와는 선하시고 정직하시니 그
러므로 그의 도로 죄인들을 교훈
하시리로다
9 온유한 자를 정의로 지도하심이
여 온유한 자에게 그의 도를 가
르치시리로다
10 여호와의 모든 길은 그의 언약과
증거를 지키는 자에게 인자와 진
리로다
11 여호와여 나의 죄악이 크오니 주
의 이름으로 말미암아 사하소서
12 여호와를 경외하는 자 누구냐 그
가 택할 길을 그에게 가르치시리
로다

6

7

8

9

10

11

12

13 그의 영혼은 평안히 살고 그의 자
손은 땅을 상속하리로다
14 [1]여호와의 친밀하심이 그를 경외
하는 자들에게 있음이여 그의 언
약을 그들에게 보이시리로다
15 내 눈이 항상 여호와를 바라봄은
내 발을 그물에서 벗어나게 하실
것임이로다
16 주여 나는 외롭고 괴로우니 내
게 돌이키사 나에게 은혜를 베푸
소서
17 내 마음의 근심이 많사오니 나를
고난에서 끌어내소서
18 나의 곤고와 환난을 보시고 내
모든 죄를 사하소서
19 내 원수를 보소서 그들의 수가
많고 나를 심히 미워하나이다
20 내 영혼을 지켜 나를 구원하소서
내가 주께 피하오니 수치를 당하
지 않게 하소서

1 여호와께서 경외하는 자를 친애하심이여

21 내가 주를 바라오니 성실과 정직
으로 나를 보호하소서
22 하나님이여 이스라엘을 그 모든
환난에서 속량하소서

21

22

시편으로 드리는 기도 사랑의 하나님,
주님의 긍휼하심과 인자하심을 맛보아 알게 하시고,
고통 중에 있을 때라도 하나님을 사모하며 기다리는 자가 되게 하소서.

말씀 적용하기

DATE . . .

제26편

고난당하는 다윗이 자신의 무죄를 하나님께 호소한 개인 탄식시면서,
하나님을 경외하는 자들의 올바른 자세를 교훈한 시입니다.

다윗의 시

1 내가 나의 완전함에 행하였사오며 흔들리지 아니하고 여호와를 의지하였사오니 여호와여 나를 판단하소서
2 여호와여 나를 살피시고 시험하사 내 뜻과 내 양심을 단련하소서
3 주의 인자하심이 내 목전에 있나이다 내가 주의 진리 중에 행하여
4 허망한 사람과 같이 앉지 아니하였사오니 간사한 자와 동행하지도 아니하리이다
5 내가 행악자의 집회를 미워하오니 악한 자와 같이 앉지 아니하리이다

다윗의 시

1

2

3

4

5

6 여호와여 내가 무죄하므로 손을
씻고 주의 제단에 두루 다니며
7 감사의 소리를 들려 주고 주의 기
이한 모든 일을 말하리이다
8 여호와여 내가 주께서 계신 집과
주의 영광이 머무는 곳을 사랑하
오니
9 내 영혼을 죄인과 함께, 내 생명
을 살인자와 함께 거두지 마소서
10 그들의 손에 사악함이 있고 그들
의 오른손에 뇌물이 가득하오나
11 나는 나의 완전함에 행하오리니
나를 속량하시고 내게 은혜를 베
푸소서

6

7

8

9

10

11

12 내 발이 평탄한 데에 섰사오니 무
리 가운데에서 여호와를 송축하
리이다

12

시편으로 드리는 기도 하나님, 은혜와 믿음 속에서 하나님이 원하시는 온전한 삶을 살게 하소서. 죄인의 자리에 서지 않고, 악인의 길에서 떠나며, 늘 자신을 깨끗하게 살피는 삶을 살도록 도우소서.

말씀 적용하기

제27편

압살롬의 반란에 직면한 다윗이 전적으로 하나님께 의지하여
구원을 호소하고 부르짖은 개인 탄식시입니다.

다윗의 시

1 여호와는 나의 빛이요 나의 구원
이시니 내가 누구를 두려워하리
요 여호와는 내 생명의 능력이시
니 내가 누구를 무서워하리요
2 악인들이 내 살을 먹으려고 내게
로 왔으나 나의 대적들, 나의 원
수들인 그들은 실족하여 넘어졌
도다
3 군대가 나를 대적하여 진 칠지라
도 내 마음이 두렵지 아니하며 전
쟁이 일어나 나를 치려 할지라도
나는 [1]여전히 태연하리로다

다윗의 시

1

2

3

1 그 중에서 안연하리로다

4 내가 여호와께 바라는 한 가지 일
그것을 구하리니 곧 내가 내 평생
에 여호와의 집에 살면서 여호와
의 아름다움을 바라보며 그의 성
전에서 사모하는 그것이라
5 여호와께서 환난 날에 나를 그의
초막 속에 비밀히 지키시고 그의
장막 은밀한 곳에 나를 숨기시며
높은 바위 위에 두시리로다
6 이제 내 머리가 나를 둘러싼 내
원수 위에 들리리니 내가 그의 장
막에서 즐거운 제사를 드리겠고
노래하며 여호와를 찬송하리로다
7 여호와여 내가 소리 내어 부르짖
을 때에 들으시고 또한 나를 긍
휼히 여기사 응답하소서
8 너희는 내 얼굴을 찾으라 하실 때
에 내가 마음으로 주께 말하되
여호와여 내가 주의 얼굴을 찾으
리이다 하였나이다

4

5

6

7

8

9 주의 얼굴을 내게서 숨기지 마시
고 주의 종을 노하여 버리지 마소
서 주는 나의 도움이 되셨나이다
나의 구원의 하나님이시여 나를
버리지 마시고 떠나지 마소서
10 내 부모는 나를 버렸으나 여호와
는 나를 영접하시리이다
11 여호와여 주의 도를 내게 가르치
시고 [1]내 원수를 생각하셔서 평
탄한 길로 나를 인도하소서
12 내 생명을 내 대적에게 맡기지 마
소서 위증자와 악을 토하는 자가
일어나 나를 치려 함이니이다
13 내가 산 자들의 땅에서 여호와의
선하심을 보게 될 줄 확실히 믿었
도다

9

10

11

12

13

1 엎드려 나를 기다리는 자들을 위하여

DATE . . .

14 너는 여호와를 기다릴지어다 강
하고 담대하며 여호와를 기다릴
지어다

14

시편으로 드리는 기도 하나님, 제가 낙심하여 절망할 때도
구원의 하나님을 향한 노래가 끊이지 않게 하소서.
오직 소망을 하나님께 두며, 하나님의 구원을 기다리고 또 기다리게 하소서.

말씀 적용하기

제28편

다윗이 압살롬의 반란으로 쫓겨 다니면서
하나님께 드린 간절한 기도를 담고 있습니다.

다윗의 시

1 여호와여 내가 주께 부르짖으오
니 나의 반석이여 내게 귀를 막지
마소서 주께서 내게 잠잠하시면
내가 무덤에 내려가는 자와 같을
까 하나이다
2 내가 주의 [1]지성소를 향하여 나
의 손을 들고 주께 부르짖을 때
에 나의 간구하는 소리를 들으
소서
3 악인과 악을 행하는 자들과 함께
나를 끌어내지 마옵소서 그들은
그 이웃에게 화평을 말하나 그들
의 마음에는 악독이 있나이다

다윗의 시

1

2

3

1 성소 안을

4 그들이 하는 일과 그들의 행위가
악한 대로 갚으시며 그들의 손이
지은 대로 그들에게 갚아 그 마
땅히 받을 것으로 그들에게 갚으
소서
5 그들은 여호와께서 행하신 일과
손으로 지으신 것을 생각하지 아
니하므로 여호와께서 그들을 파
괴하고 건설하지 아니하시리로다
6 여호와를 찬송함이여 내 간구하
는 소리를 들으심이로다
7 여호와는 나의 힘과 나의 방패이
시니 내 마음이 그를 의지하여 도
움을 얻었도다 그러므로 내 마음
이 크게 기뻐하며 내 노래로 그를
찬송하리로다
8 여호와는 그들의 힘이시요 그의
기름 부음 받은 자의 구원의 요
새이시로다

4

5

6

7

8

9 주의 백성을 구원하시며 주의 산
업에 복을 주시고 또 그들의 목
자가 되시어 영원토록 그들을 인
도하소서

9

시편으로 드리는 기도 하나님, 하나님이 계신 곳을 향해
기도하고 그 응답을 바라며 노래하게 하소서.
자신만을 위한 기도가 아닌 교회와 하나님나라를 위해 기도하는 사람이 되게 하소서.

말씀 적용하기

제29편

온 우주를 다스리시고 섭리하시는 하나님의 위엄과
주권, 권능을 찬양한 시입니다.

다윗의 시

1 너희 권능 있는 자들아 영광과
능력을 여호와께 돌리고 돌릴지
어다
2 여호와께 그의 이름에 합당한 영
광을 돌리며 [1]거룩한 옷을 입고
여호와께 예배할지어다
3 여호와의 소리가 물 위에 있도다
영광의 하나님이 우렛소리를 내
시니 여호와는 많은 물 위에 계시
도다
4 여호와의 소리가 힘 있음이여 여
호와의 소리가 위엄차도다

다윗의 시

1

2

3

4

1 거룩함의 아름다움에서

5 여호와의 소리가 백향목을 꺾으
심이여 여호와께서 레바논 백향
목을 꺾어 부수시도다
6 그 나무를 송아지 같이 뛰게 하심
이여 레바논과 시룐으로 들송아
지 같이 뛰게 하시도다
7 여호와의 소리가 화염을 가르시
도다
8 여호와의 소리가 광야를 진동하
심이여 여호와께서 가데스 광야
를 진동시키시도다
9 여호와의 소리가 암사슴을 [1]낙태
하게 하시고 삼림을 말갛게 벗기
시니 그의 성전에서 그의 모든 것
들이 말하기를 영광이라 하도다
10 여호와께서 홍수 때에 좌정하셨
음이여 여호와께서 영원하도록
왕으로 좌정하시도다

1 새끼를 낳게

DATE . . .

11 여호와께서 자기 백성에게 힘을
주심이여 여호와께서 자기 백성에
게 평강의 복을 주시리로다

11

시편으로 드리는 기도 온 천지를 창조하시고 다스리시는 하나님,
제 삶의 모든 순간에서 하나님의 다스리심을 깨달아 알게 하소서.
그 하나님을 높이며 찬송과 감사를 돌리게 하소서.

말씀 적용하기

제30편

인생 말년의 다윗이 자신의 삶을 돌아보며,
지금까지 보호하고 인도해 주신 하나님을 찬양합니다.

다윗의 시, 곧 성전 낙성가

1 여호와여 내가 주를 높일 것은 주께서 나를 끌어내사 내 원수로 하여금 나로 말미암아 기뻐하지 못하게 하심이니이다

2 여호와 내 하나님이여 내가 주께 부르짖으매 나를 고치셨나이다

3 여호와여 주께서 내 영혼을 스올에서 끌어내어 나를 살리사 무덤으로 내려가지 아니하게 하셨나이다

4 주의 성도들아 여호와를 찬송하며 그의 거룩함을 기억하며 감사하라

다윗의 시, 곧 성전 낙성가

1

2

3

4

5 그의 노염은 잠깐이요 그의 은
총은 평생이로다 저녁에는 울음
이 깃들일지라도 아침에는 기쁨이
오리로다
6 내가 형통할 때에 말하기를 영원
히 흔들리지 아니하리라 하였도다
7 여호와여 주의 은혜로 나를 산 같
이 굳게 세우셨더니 주의 얼굴을
가리시매 내가 근심하였나이다
8 여호와여 내가 주께 부르짖고 여
호와께 간구하기를
9 내가 무덤에 내려갈 때에 나의 피
가 무슨 유익이 있으리요 진토가
어떻게 주를 찬송하며 주의 진리
를 선포하리이까
10 여호와여 들으시고 내게 은혜를
베푸소서 여호와여 나를 돕는 자
가 되소서 하였나이다
11 주께서 나의 슬픔이 변하여 내게
춤이 되게 하시며 나의 베옷을 벗
기고 기쁨으로 띠 띠우셨나이다

12 이는 잠잠하지 아니하고 내 영광
으로 주를 찬송하게 하심이니 여
호와 나의 하나님이여 내가 주께
영원히 감사하리이다

12

시편으로 드리는 기도 하나님, 저로 하여금 교만하지 않게 하소서.
하나님의 징계를 받은 후에야 뼈아픈 감사와 찬송을 드리는 자가 되지 않게 하소서.

말씀 적용하기

제31편

다윗이 자기가 당한 고통과 괴로움을
하나님께 호소하는 탄식시 형태를 취하고 있습니다.
그러나 다윗의 탄식은 점점 희망으로 바뀝니다.

다윗의 시, 인도자를 따라 부르는 노래

1 여호와여 내가 주께 피하오니 나를 영원히 부끄럽게 하지 마시고 주의 공의로 나를 건지소서

2 내게 귀를 기울여 속히 건지시고 내게 견고한 바위와 구원하는 산성이 되소서

3 주는 나의 반석과 산성이시니 그러므로 주의 이름을 생각하셔서 나를 인도하시고 지도하소서

4 그들이 나를 위하여 비밀히 친 그물에서 빼내소서 주는 나의 산성이시니이다

다윗의 시, 인도자를 따라 부르는 노래

1

2

3

4

5 내가 나의 영을 주의 손에 부탁하
나이다 진리의 하나님 여호와여
나를 속량하셨나이다
6 내가 허탄한 거짓을 숭상하는 자
들을 미워하고 여호와를 의지하
나이다
7 내가 주의 인자하심을 기뻐하며
즐거워할 것은 주께서 나의 고난
을 보시고 [1]환난 중에 있는 내 영
혼을 아셨으며
8 나를 원수의 수중에 가두지 아니
하셨고 내 발을 넓은 곳에 세우셨
음이니이다
9 여호와여 내가 고통 중에 있사오
니 내게 은혜를 베푸소서 내가 근
심 때문에 눈과 영혼과 몸이 쇠
하였나이다

5

6

7

8

9

1 내 영혼의 환난을 아셨고

10 내 일생을 슬픔으로 보내며 나의
연수를 탄식으로 보냄이여 내 기
력이 나의 죄악 때문에 약하여지
며 나의 뼈가 쇠하도소이다
11 내가 모든 대적들 때문에 욕을
당하고 내 이웃에게서는 심히 당
하니 내 친구가 놀라고 길에서 보
는 자가 나를 피하였나이다
12 내가 잊어버린 바 됨이 죽은 자를
마음에 두지 아니함 같고 깨진 그
릇과 같으니이다
13 내가 무리의 비방을 들었으므로
사방이 두려움으로 감싸였나이다
그들이 나를 치려고 함께 의논할
때에 내 생명을 빼앗기로 꾀하였
나이다
14 여호와여 그러하여도 나는 주께
의지하고 말하기를 주는 내 하나
님이시라 하였나이다

10

11

12

13

14

15 나의 앞날이 주의 손에 있사오니
내 원수들과 나를 핍박하는 자들
의 손에서 나를 건져 주소서
16 주의 얼굴을 주의 종에게 비추시
고 주의 사랑하심으로 나를 구원
하소서
17 여호와여 내가 주를 불렀사오니
나를 부끄럽게 하지 마시고 악인
들을 부끄럽게 하사 스올에서 잠
잠하게 하소서
18 교만하고 완악한 말로 무례히 의
인을 치는 거짓 입술이 말 못하는
자 되게 하소서
19 주를 두려워하는 자를 위하여 쌓
아 두신 은혜 곧 주께 피하는 자
를 위하여 인생 앞에 베푸신 은혜
가 어찌 그리 큰지요
20 주께서 그들을 주의 은밀한 곳에
숨기사 사람의 꾀에서 벗어나게
하시고 비밀히 장막에 감추사 말
다툼에서 면하게 하시리이다

15

16

17

18

19

20

21 여호와를 찬송할지어다 견고한
성에서 그의 놀라운 사랑을 내게
보이셨음이로다
22 내가 놀라서 말하기를 주의 목전
에서 끊어졌다 하였사오나 내가
주께 부르짖을 때에 주께서 나의
간구하는 소리를 들으셨나이다
23 너희 모든 성도들아 여호와를 사
랑하라 여호와께서 진실한 자를
보호하시고 교만하게 행하는 자
에게 엄중히 갚으시느니라
24 여호와를 바라는 너희들아 강하
고 담대하라

21

22

23

24

시편으로 드리는 기도 하나님, 부요하신 하나님을 섬기는 자로서 주님 보시기에 부요하게 살게 하소서. 하나님이 주신 복들로 인생이 충만케 하시고, 늘 하나님께로만 피하는 삶이 되게 하소서.

말씀 적용하기

제32편

참회시 일곱 편 중 하나로 철저한 회개 후에
온전히 용서받은 자의 행복을 노래합니다.

다윗의 [1] 마스길

1 허물의 사함을 받고 자신의 죄가 가려진 자는 복이 있도다

2 마음에 간사함이 없고 여호와께 정죄를 당하지 아니하는 자는 복이 있도다

3 내가 입을 열지 아니할 때에 종일 신음하므로 내 뼈가 쇠하였도다

4 주의 손이 주야로 나를 누르시오니 내 진액이 빠져서 여름 가뭄에 마름 같이 되었나이다 (셀라)

다윗의 마스길

1

2

3

4

1 교훈

5 내가 이르기를 내 허물을 여호와
께 자복하리라 하고 주께 내 죄
를 아뢰고 내 죄악을 숨기지 아니
하였더니 곧 주께서 내 죄악을 사
하셨나이다 (셀라)
6 이로 말미암아 모든 경건한 자는
[1]주를 만날 기회를 얻어서 주께
기도할지라 진실로 홍수가 범람
할지라도 그에게 미치지 못하리
이다
7 주는 나의 은신처이오니 환난에
서 나를 보호하시고 구원의 노래
로 나를 두르시리이다 (셀라)
8 내가 네 갈 길을 가르쳐 보이고
너를 주목하여 훈계하리로다
9 너희는 무지한 말이나 노새 같이
되지 말지어다 그것들은 재갈과
굴레로 단속하지 아니하면 너희
에게 가까이 가지 아니하리로다

5

6

7

8

9

1 죄를 깨달을 때에

10 악인에게는 많은 슬픔이 있으나
여호와를 신뢰하는 자에게는 인
자하심이 두르리로다
11 너희 의인들아 여호와를 기뻐하
며 즐거워할지어다 마음이 정직한
너희들아 다 즐거이 외칠지어다

10

11

시편으로 드리는 기도 하나님, 저는 죄악 된 세상에서 죄의 노예로 살 때가 많습니다.
하나님께 늘 자복하게 하시고, 죄를 용서하시는 하나님께 나아가
죄 사함을 받는 행복한 사람이 되게 하소서.

말씀 적용하기

DATE . . .

제33편

기쁨과 즐거움을 주시는 하나님과, 감사와 찬양으로
응답하는 인간 사이의 아름다운 관계를 그립니다.

1 너희 의인들아 여호와를 즐거워
하라 찬송은 정직한 자들이 마땅
히 할 바로다
2 수금으로 여호와께 감사하고 열
줄 비파로 찬송할지어다
3 새 노래로 그를 노래하며 즐거운
소리로 아름답게 연주할지어다
4 여호와의 말씀은 정직하며 그가
행하시는 일은 다 진실하시도다
5 그는 공의와 정의를 사랑하심이
여 세상에는 여호와의 인자하심
이 충만하도다
6 여호와의 말씀으로 하늘이 지음
이 되었으며 그 만상을 그의 입 기
운으로 이루었도다

1

2

3

4

5

6

7 그가 바닷물을 모아 무더기 같이 7
쌓으시며 깊은 물을 곳간에 두시
도다
8 온 땅은 여호와를 두려워하며 세 8
상의 모든 거민들은 그를 경외할
지어다
9 그가 말씀하시매 이루어졌으며 9
명령하시매 견고히 섰도다
10 여호와께서 나라들의 계획을 폐 10
하시며 민족들의 사상을 무효하
게 하시도다
11 여호와의 계획은 영원히 서고 그 11
의 생각은 대대에 이르리로다
12 여호와를 자기 하나님으로 삼은 12
나라 곧 하나님의 기업으로 선택
된 백성은 복이 있도다
13 여호와께서 하늘에서 굽어보사 13
모든 인생을 살피심이여
14 곧 그가 거하시는 곳에서 세상의 14
모든 거민들을 굽어살피시는도다

15 그는 그들 모두의 마음을 지으시
며 그들이 하는 일을 굽어살피시
는 이로다
16 많은 군대로 구원 얻은 왕이 없으
며 용사가 힘이 세어도 스스로 구
원하지 못하는도다
17 구원하는 데에 군마는 헛되며 군
대가 많다 하여도 능히 구하지 못
하는도다
18 여호와는 그를 경외하는 자 곧
그의 인자하심을 바라는 자를 살
피사
19 그들의 영혼을 사망에서 건지시며
그들이 굶주릴 때에 그들을 살리
시는도다
20 우리 영혼이 여호와를 바람이여
그는 우리의 도움과 방패시로다
21 우리 마음이 그를 즐거워함이여
우리가 그의 성호를 의지하였기
때문이로다

15

16

17

18

19

20

21

22 여호와여 우리가 주께 바라는 대
로 주의 인자하심을 우리에게 베
푸소서

22

시편으로 드리는 기도 먼저 저를 사랑하신 하나님, 저도 하나님을 사랑합니다. 영원히 하나님을 흠모하며, 감사와 그 기쁨 가운데 찬송하며 살게 하소서.

말씀 적용하기

제34편

표제에 따르면 다윗이 블레셋으로 망명했다가,
위협을 직감하고 미친 체하여 탈출한 후
유다 광야로 도망가서 지은 시입니다(삼상 21:10-22:5).

다윗이 아비멜렉 앞에서 미친 체하다가 쫓겨나서 지은 시

1 내가 여호와를 항상 송축함이여 내 입술로 항상 주를 찬양하리이다

2 내 영혼이 여호와를 자랑하리니 곤고한 자들이 이를 듣고 기뻐하리로다

3 나와 함께 여호와를 광대하시다 하며 함께 그의 이름을 높이세

4 내가 여호와께 간구하매 내게 응답하시고 내 모든 두려움에서 나를 건지셨도다

5 그들이 주를 앙망하고 광채를 내었으니 그들의 얼굴은 부끄럽지 아니하리로다

다윗이 아비멜렉 앞에서 미친 체하다가 쫓겨나서 지은 시

1

2

3

4

5

6 이 곤고한 자가 부르짖으매 여호
와께서 들으시고 그의 모든 환난
에서 구원하셨도다
7 여호와의 천사가 주를 경외하는
자를 둘러 진 치고 그들을 건지시
는도다
8 너희는 여호와의 선하심을 맛보
아 알지어다 그에게 피하는 자는
복이 있도다
9 너희 성도들아 여호와를 경외하
라 그를 경외하는 자에게는 부족
함이 없도다
10 젊은 사자는 궁핍하여 주릴지라
도 여호와를 찾는 자는 모든 좋
은 것에 부족함이 없으리로다
11 너희 자녀들아 와서 내 말을 들으
라 내가 여호와를 경외하는 법을
너희에게 가르치리로다
12 생명을 사모하고 연수를 사랑하
여 복 받기를 원하는 사람이 누
구뇨

6

7

8

9

10

11

12

13 네 혀를 악에서 금하며 네 입술을
거짓말에서 금할지어다
14 악을 버리고 선을 행하며 화평을
찾아 따를지어다
15 여호와의 눈은 의인을 향하시고
그의 귀는 그들의 부르짖음에 기
울이시는도다
16 여호와의 얼굴은 악을 행하는 자
를 향하사 그들의 [1]자취를 땅에
서 끊으려 하시는도다
17 의인이 부르짖으매 여호와께서
들으시고 그들의 모든 환난에서
건지셨도다
18 여호와는 마음이 상한 자를 가까
이 하시고 충심으로 통회하는 자
를 구원하시는도다
19 의인은 고난이 많으나 여호와께
서 그의 모든 고난에서 건지시는
도다

13

14

15

16

17

18

19

1 기념을

20 그의 모든 뼈를 보호하심이여
그 중에서 하나도 꺾이지 아니하
도다
21 악이 악인을 죽일 것이라 의인을
미워하는 자는 벌을 받으리로다
22 여호와께서 그의 종들의 영혼을
속량하시나니 그에게 피하는 자
는 다 벌을 받지 아니하리로다

20

21

22

시편으로 드리는 기도 하나님, 하나님이 얼마나 좋은 분인지 간증하는 다윗의 고백이 참 부럽습니다. 저도 하나님의 복 주심을 매 순간 맛보아 알게 하소서.

말씀 적용하기

DATE . . .

제35편

다윗은 사울과 그 일당이 끈질기게 자신의 목숨을 노리자,
하나님께 그들을 물리쳐주실 것을 간구합니다.

다윗의 시

1 여호와여 나와 다투는 자와 다투
시고 나와 싸우는 자와 싸우소서
2 방패와 손 방패를 잡으시고 일어
나 나를 도우소서
3 창을 빼사 나를 쫓는 자의 길을
막으시고 또 내 영혼에게 나는 네
구원이라 이르소서
4 내 생명을 찾는 자들이 부끄러워
수치를 당하게 하시며 나를 상해
하려 하는 자들이 물러가 낭패를
당하게 하소서
5 그들을 바람 앞에 겨와 같게 하시
고 여호와의 천사가 그들을 몰아
내게 하소서

다윗의 시

1

2

3

4

5

6 그들의 길을 어둡고 미끄럽게 하
시며 여호와의 천사가 그들을 뒤
쫓게 하소서
7 그들이 까닭 없이 나를 잡으려고
그들의 그물을 웅덩이에 숨기며
까닭 없이 내 생명을 해하려고 함
정을 팠사오니
8 멸망이 순식간에 그에게 닥치게
하시며 그가 숨긴 그물에 자기가
잡히게 하시며 멸망 중에 떨어지
게 하소서
9 내 영혼이 여호와를 즐거워함이
여 그의 구원을 기뻐하리로다
10 내 모든 뼈가 이르기를 여호와와
같은 이가 누구냐 그는 가난한
자를 그보다 강한 자에게서 건지
시고 가난하고 궁핍한 자를 노략
하는 자에게서 건지시는 이라 하
리로다
11 불의한 증인들이 일어나서 내가
알지 못하는 일로 내게 질문하며

12 내게 선을 악으로 갚아 나의 영혼 12
을 외롭게 하나
13 나는 그들이 병 들었을 때에 굵은 13
베 옷을 입으며 금식하여 내 영혼
을 괴롭게 하였더니 내 기도가 내
품으로 돌아왔도다
14 내가 나의 친구와 형제에게 행함 14
같이 그들에게 행하였으며 내가
몸을 굽히고 슬퍼하기를 어머니
를 곡함 같이 하였도다
15 그러나 내가 넘어지매 그들이 기 15
뻐하여 서로 모임이여 불량배가
내가 알지 못하는 중에 모여서 나
를 치며 찢기를 마지아니하도다
16 그들은 연회에서 망령되이 조롱 16
하는 자 같이 나를 향하여 그들의
이를 갈도다
17 주여 어느 때까지 관망하시려 하 17
나이까 내 영혼을 저 멸망자에게
서 구원하시며 내 유일한 것을 사
자들에게서 건지소서

18 내가 대회 중에서 주께 감사하며
많은 백성 중에서 주를 찬송하리
이다
19 부당하게 나의 원수된 자가 나로
말미암아 기뻐하지 못하게 하시
며 까닭 없이 나를 미워하는 자들
이 서로 눈짓하지 못하게 하소서
20 무릇 그들은 화평을 말하지 아니
하고 오히려 평안히 땅에 사는 자
들을 거짓말로 모략하며
21 또 그들이 나를 향하여 입을 크게
벌리고 하하 우리가 목격하였다
하나이다
22 여호와여 주께서 이를 보셨사오
니 잠잠하지 마옵소서 주여 나를
멀리하지 마옵소서
23 나의 하나님, 나의 주여 떨치고
깨셔서 나를 공판하시며 나의 송
사를 다스리소서

18

19

20

21

22

23

24 여호와 나의 하나님이여 주의 공
의대로 나를 판단하사 그들이 나
로 말미암아 기뻐하지 못하게 하
소서
25 그들이 마음속으로 이르기를 아
하 소원을 성취하였다 하지 못하
게 하시며 우리가 그를 삼켰다 말
하지 못하게 하소서
26 나의 재난을 기뻐하는 자들이 함
께 부끄러워 낭패를 당하게 하시
며 나를 향하여 스스로 뽐내는 자
들이 수치와 욕을 당하게 하소서
27 나의 의를 즐거워하는 자들이 기
꺼이 노래 부르고 즐거워하게 하
시며 그의 종의 평안함을 기뻐하
시는 여호와는 위대하시다 하는
말을 그들이 항상 말하게 하소서

24

25

26

27

28 나의 혀가 주의 의를 말하며 종일 토록 주를 찬송하리이다

28

시편으로 드리는 기도 하나님, 사람들이 우리를 속일지라도 분노하지 않게 하소서. 공의롭게 판단하고 갚으시는 하나님을 신뢰하여 모든 판단은 주님께 맡기고, 제가 맡은 일에 충실하게 하소서.

말씀 적용하기

DATE . . .

제36편

하나님의 언약적 성실하심을 신뢰하는
성도가 드리는 탄식시입니다.

여호와의 종 다윗의 시,
인도자를 따라 부르는 노래

1 악인의 죄가 그의 마음속으로 이
르기를 그의 눈에는 하나님을 두
려워하는 빛이 없다 하니
2 [1]그가 스스로 자랑하기를 자기
의 죄악은 드러나지 아니하고 미
워함을 받지도 아니하리라 함이
로다
3 그의 입에서 나오는 말은 죄악과
속임이라 그는 지혜와 선행을 그
쳤도다
4 그는 그의 침상에서 죄악을 꾀하
며 스스로 악한 길에 서고 악을
거절하지 아니하는도다

여호와의 종 다윗의 시,
인도자를 따라 부르는 노래

1

2

3

4

1 그는 그 죄악이 드러나서 미움을 받기까지 자긍하는도다

5 여호와여 주의 인자하심이 하늘
에 있고 주의 진실하심이 공중에
사무쳤으며
6 주의 의는 하나님의 산들과 같고
주의 심판은 큰 바다와 같으니이
다 여호와여 주는 사람과 짐승을
구하여 주시나이다
7 하나님이여 주의 인자하심이 어
찌 그리 보배로우신지요 사람들
이 주의 날개 그늘 아래에 피하나
이다
8 그들이 주의 집에 있는 살진 것으
로 풍족할 것이라 주께서 주의 복
락의 강물을 마시게 하시리이다
9 진실로 생명의 원천이 주께 있사
오니 주의 빛 안에서 우리가 빛을
보리이다
10 주를 아는 자들에게 주의 인자하
심을 계속 베푸시며 마음이 정직
한 자에게 주의 공의를 베푸소서

11 교만한 자의 발이 내게 이르지 못
하게 하시며 악인들의 손이 나를
쫓아내지 못하게 하소서
12 악을 행하는 자들이 거기서 넘어
졌으니 엎드러지고 다시 일어날
수 없으리이다

11

12

시편으로 드리는 기도 인자하신 하나님, 언제나 주님을 경외하는 마음으로 주께 나아가게 하소서. 그리하여 생명의 원천이신 하나님을 떠나지 않게 하소서.

말씀 적용하기

제37편

악인의 번영을 보고 회의를 품는 젊은이들에게
노년의 다윗이 자신의 경험을 일반화해
힘있게 교훈하는 지혜시입니다.

다윗의 시

1 악을 행하는 자들 때문에 불평하
지 말며 불의를 행하는 자들을 시
기하지 말지어다
2 그들은 풀과 같이 속히 베임을 당
할 것이며 푸른 채소 같이 쇠잔할
것임이로다
3 여호와를 의뢰하고 선을 행하라
[1]땅에 머무는 동안 그의 성실을
먹을 거리로 삼을지어다
4 또 여호와를 기뻐하라 그가 네 마
음의 소원을 네게 이루어 주시리
로다
5 네 길을 여호와께 맡기라 그를 의
지하면 그가 이루시고

다윗의 시

1

2

3

4

5

1 땅에 거하여 정녕히 먹으리로다

6 네 의를 빛 같이 나타내시며 네 공
의를 정오의 빛 같이 하시리로다 6
7 [1]여호와 앞에 잠잠하고 참고 기 7
다리라 자기 길이 형통하며 악한
꾀를 이루는 자 때문에 불평하지
말지어다
8 분을 그치고 노를 버리며 불평하 8
지 말라 오히려 악을 만들 뿐이라
9 진실로 악을 행하는 자들은 끊어 9
질 것이나 여호와를 소망하는 자
들은 땅을 차지하리로다
10 잠시 후에는 악인이 없어지리니 10
네가 그 곳을 자세히 살필지라도
없으리로다
11 그러나 온유한 자들은 땅을 차지 11
하며 풍성한 화평으로 즐거워하
리로다
12 악인이 의인 치기를 꾀하고 그를 12
향하여 그의 이를 가는도다

1 여호와를 의지하고 잠잠히 참아

13 그러나 주께서 그를 비웃으시리
니 그의 날이 다가옴을 보심이
로다
14 악인이 칼을 빼고 활을 당겨 가
난하고 궁핍한 자를 엎드러뜨리
며 행위가 정직한 자를 죽이고자
하나
15 그들의 칼은 오히려 그들의 양심
을 찌르고 그들의 활은 부러지리
로다
16 의인의 적은 소유가 악인의 풍부
함보다 낫도다
17 악인의 팔은 부러지나 의인은 여
호와께서 붙드시는도다
18 여호와께서 온전한 자의 날을 아
시나니 그들의 기업은 영원하리
로다
19 그들은 환난 때에 부끄러움을 당
하지 아니하며 기근의 날에도 풍
족할 것이나

13

14

15

16

17

18

19

20 악인들은 멸망하고 여호와의 원수들은 어린 양의 기름 같이 타서 연기가 되어 없어지리로다

21 악인은 꾸고 갚지 아니하나 의인은 은혜를 베풀고 주는도다

22 주의 복을 받은 자들은 땅을 차지하고 주의 저주를 받은 자들은 끊어지리로다

23 여호와께서 사람의 걸음을 정하시고 그의 길을 기뻐하시나니

24 그는 넘어지나 아주 엎드러지지 아니함은 여호와께서 그의 손으로 붙드심이로다

25 내가 어려서부터 늙기까지 의인이 버림을 당하거나 그의 자손이 걸식함을 보지 못하였도다

26 그는 종일토록 은혜를 베풀고 꾸어 주니 그의 자손이 복을 받는도다

27 악에서 떠나 선을 행하라 그리하면 영원히 살리니

28 여호와께서 정의를 사랑하시고
그의 성도를 버리지 아니하심이로
다 그들은 영원히 보호를 받으나
악인의 자손은 끊어지리로다
29 의인이 땅을 차지함이여 거기서
영원히 살리로다
30 의인의 입은 지혜로우며 그의 혀
는 정의를 말하며
31 그의 마음에는 하나님의 법이 있
으니 그의 걸음은 실족함이 없으
리로다
32 악인이 의인을 엿보아 살해할 기
회를 찾으나
33 여호와는 그를 악인의 손에 버려
두지 아니하시고 재판 때에도 정
죄하지 아니하시리로다
34 여호와를 바라고 그의 도를 지키
라 그리하면 네가 땅을 차지하게
하실 것이라 악인이 끊어질 때에
네가 똑똑히 보리로다

28

29

30

31

32

33

34

35 내가 악인의 큰 세력을 본즉 그
본래의 땅에 서 있는 나무 잎이
무성함과 같으나
36 [1]내가 지나갈 때에 그는 없어졌
나니 내가 찾아도 발견하지 못하
였도다
37 온전한 사람을 살피고 정직한 자
를 볼지어다 모든 화평한 자의 미
래는 평안이로다
38 범죄자들은 함께 멸망하리니 악
인의 미래는 끊어질 것이나
39 의인들의 구원은 여호와로부터
오나니 그는 환난 때에 그들의
요새이시로다

35

36

37

38

39

1 히, 그가 지나갈 때에

40 여호와께서 그들을 도와 건지시되 악인들에게서 건져 구원하심은 그를 의지한 까닭이로다

40

시편으로 드리는 기도 하나님, 하나님의 말씀을 알 수 있는 머리뿐 아니라
순종할 수 있는 마음을 주시니 감사합니다.
순종하는 가운데 도우시고 복 주시는 하나님을 더욱 경험하게 하소서.

말씀 적용하기

DATE . . .

제38편

다윗이 밧세바를 범한 후 회개하고
하나님의 진노와 긍휼을 동시에 기념하기 위해
지은 것으로 추측됩니다.

다윗의 기념하는 시

1 여호와여 주의 노하심으로 나를 책망하지 마시고 주의 분노하심으로 나를 징계하지 마소서

2 주의 화살이 나를 찌르고 주의 손이 나를 심히 누르시나이다

3 주의 진노로 말미암아 내 살에 성한 곳이 없사오며 나의 죄로 말미암아 내 뼈에 평안함이 없나이다

4 내 죄악이 내 머리에 넘쳐서 무거운 짐 같으니 내가 감당할 수 없나이다

5 내 상처가 썩어 악취가 나오니 내가 우매한 까닭이로소이다

6 내가 아프고 심히 구부러졌으며 종일토록 슬픔 중에 다니나이다

다윗의 기념하는 시

1

2

3

4

5

6

7 내 허리에 열기가 가득하고 내 살
에 성한 곳이 없나이다
8 내가 피곤하고 심히 상하였으매
마음이 불안하여 신음하나이다
9 주여 나의 모든 소원이 주 앞에
있사오며 나의 탄식이 주 앞에 감
추이지 아니하나이다
10 내 심장이 뛰고 내 기력이 쇠하여
내 눈의 빛도 나를 떠났나이다
11 내가 사랑하는 자와 내 친구들이
내 상처를 멀리하고 내 친척들도
멀리 섰나이다
12 내 생명을 찾는 자가 올무를 놓
고 나를 해하려는 자가 괴악한 일
을 말하여 종일토록 음모를 꾸미
오나
13 나는 못 듣는 자 같이 듣지 아니
하고 말 못하는 자 같이 입을 열
지 아니하오니
14 나는 듣지 못하는 자 같아서 내
입에는 반박할 말이 없나이다

DATE . . .

15 여호와여 내가 주를 바랐사오니
내 주 하나님이 내게 응답하시리
이다
16 내가 말하기를 두렵건대 그들이
나 때문에 기뻐하며 내가 실족할
때에 나를 향하여 스스로 교만할
까 하였나이다
17 내가 넘어지게 되었고 나의 근심
이 항상 내 앞에 있사오니
18 내 죄악을 아뢰고 내 죄를 슬퍼함
이니이다
19 내 원수가 활발하며 강하고 부당
하게 나를 미워하는 자가 많으며
20 또 악으로 선을 대신하는 자들이
내가 선을 따른다는 것 때문에
나를 대적하나이다
21 여호와여 나를 버리지 마소서 나
의 하나님이여 나를 멀리하지 마
소서

15

16

17

18

19

20

21

22 속히 나를 도우소서 주 나의 구원
이시여

22

시편으로 드리는 기도 하나님, 저도 언젠가는 병들고 죽을 유한한 피조물임을 기억하게 하소서. 때를 미루지 말고 지금 이 순간 기쁨으로 하나님을 바라보며 찬송하게 하소서.

말씀 적용하기

DATE . . .

제39편

인생 말년의 시인이 자신의 삶을 회고하는 가운데 지난날의 과오를 뉘우치면서 지은 시입니다.

다윗의 시, 인도자를 따라 여두둔 형식으로 부르는 노래

1 내가 말하기를 나의 행위를 조심하여 내 혀로 범죄하지 아니하리니 악인이 내 앞에 있을 때에 내가 내 입에 재갈을 먹이리라 하였도다

2 내가 잠잠하여 선한 말도 하지 아니하니 나의 근심이 더 심하도다

3 내 마음이 내 속에서 뜨거워서 작은 소리로 읊조릴 때에 불이 붙으니 나의 혀로 말하기를

4 여호와여 나의 종말과 연한이 언제까지인지 알게 하사 내가 나의 연약함을 알게 하소서

다윗의 시, 인도자를 따라 여두둔 형식으로 부르는 노래

1

2

3

4

5 주께서 나의 날을 한 뼘 길이만큼
되게 하시매 나의 일생이 주 앞에
는 없는 것 같사오니 사람은 그가
든든히 서 있는 때에도 진실로 모
두가 허사뿐이니이다 (셀라)
6 진실로 각 사람은 그림자 같이 다
니고 헛된 일로 소란하며 재물을
쌓으나 누가 거둘는지 알지 못하
나이다
7 주여 이제 내가 무엇을 바라리요
나의 소망은 주께 있나이다
8 나를 모든 죄에서 건지시며 우매
한 자에게서 욕을 당하지 아니하
게 하소서
9 내가 잠잠하고 입을 열지 아니함
은 주께서 이를 행하신 까닭이니
이다
10 주의 징벌을 나에게서 옮기소서
주의 손이 치심으로 내가 쇠망하
였나이다

5

6

7

8

9

10

DATE . . .

11 주께서 죄악을 책망하사 사람을
징계하실 때에 그 영화를 좀먹음
같이 소멸하게 하시니 참으로 인
생이란 모두 헛될 뿐이니이다 (셀
라)
12 여호와여 나의 기도를 들으시며
나의 부르짖음에 귀를 기울이소
서 내가 눈물 흘릴 때에 잠잠하지
마옵소서 나는 주와 함께 있는
나그네이며 나의 모든 조상들처
럼 떠도나이다
13 주는 나를 용서하사 내가 떠나 없
어지기 전에 나의 건강을 회복시
키소서

11

12

13

시편으로 드리는 기도 하나님, 저는 이 세상에 잠시 머물다 떠날 나그네입니다.
이 세상에 정들지 않게 하시고, 본향인 하나님나라를 소망하며 살게 하소서.

말씀 적용하기

제40편

12절을 기점으로 전반부는 위기에서 구원받은 데 대한 감사이고,
후반부는 하나님의 공의를 구하는 탄식시입니다.

다윗의 시, 인도자를 따라
부르는 노래

1 내가 여호와를 기다리고 기다렸더니 귀를 기울이사 나의 부르짖음을 들으셨도다

2 나를 기가 막힐 웅덩이와 수렁에서 끌어올리시고 내 발을 반석 위에 두사 내 걸음을 견고하게 하셨도다

3 새 노래 곧 우리 하나님께 올릴 찬송을 내 입에 두셨으니 많은 사람이 보고 두려워하여 여호와를 의지하리로다

4 여호와를 의지하고 교만한 자와 거짓에 치우치는 자를 돌아보지 아니하는 자는 복이 있도다

다윗의 시, 인도자를 따라
부르는 노래

1

2

3

4

5 여호와 나의 하나님이여 주께서
행하신 기적이 많고 우리를 향하
신 주의 생각도 많아 누구도 주
와 견줄 수가 없나이다 내가 널리
알려 말하고자 하나 너무 많아 그
수를 셀 수도 없나이다
6 주께서 내 귀를 통하여 내게 들려
주시기를 제사와 예물을 기뻐하
지 아니하시며 번제와 속죄제를
요구하지 아니하신다 하신지라
7 그 때에 내가 말하기를 내가 왔
나이다 나를 가리켜 기록한 것이
두루마리 책에 있나이다
8 나의 하나님이여 내가 주의 뜻 행
하기를 즐기오니 주의 법이 나의
심중에 있나이다 하였나이다
9 내가 많은 회중 가운데에서 의의
기쁜 소식을 전하였나이다 여호
와여 내가 내 입술을 닫지 아니할
줄을 주께서 아시나이다

5

6

7

8

9

10 내가 주의 공의를 내 심중에 숨기
지 아니하고 주의 성실과 구원을
선포하였으며 내가 주의 인자와
진리를 많은 회중 가운데에서 감
추지 아니하였나이다
11 여호와여 주의 긍휼을 내게서 거
두지 마시고 주의 인자와 진리로
나를 항상 보호하소서
12 수많은 재앙이 나를 둘러싸고 나
의 죄악이 나를 덮치므로 우러러
볼 수도 없으며 죄가 나의 머리털
보다 많으므로 내가 낙심하였음
이니이다
13 여호와여 은총을 베푸사 나를 구
원하소서 여호와여 속히 나를 도
우소서
14 내 생명을 찾아 멸하려 하는 자는
다 수치와 낭패를 당하게 하시며
나의 해를 기뻐하는 자는 다 물러
가 욕을 당하게 하소서

10

11

12

13

14

DATE . . .

15 나를 향하여 하하 하하 하며 조소
하는 자들이 자기 수치로 말미암
아 놀라게 하소서
16 주를 찾는 자는 다 주 안에서 즐
거워하고 기뻐하게 하시며 주의
구원을 사랑하는 자는 항상 말하
기를 여호와는 위대하시다 하게
하소서
17 나는 가난하고 궁핍하오나 주께
서는 나를 생각하시오니 주는 나
의 도움이시요 나를 건지시는 이
시라 나의 하나님이여 지체하지
마소서

15

16

17

시편으로 드리는 기도 언제나 도우시는 하나님, 저는 어리석고 교만하여 하나님의 긍휼과 구원을 경험하고도 순간순간 하나님을 잊고 삽니다. 불쌍히 여겨주시고, 늘 구원의 감격을 누리며 살게 하소서.

말씀 적용하기

제41편

다윗은 약자에게 자비 베풀 것을 교훈하면서,
하나님이 그런 자에게 상 주심을 노래합니다.

다윗의 시, 인도자를 따라 부르는 노래

1 가난한 자를 보살피는 자에게 복이 있음이여 재앙의 날에 여호와께서 그를 건지시리로다

2 여호와께서 그를 지키사 살게 하시리니 그가 이 세상에서 복을 받을 것이라 주여 그를 그 원수들의 뜻에 맡기지 마소서

3 여호와께서 그를 병상에서 붙드시고 그가 누워 있을 때마다 그의 병을 고쳐 주시나이다

4 내가 말하기를 여호와여 내게 은혜를 베푸소서 내가 주께 범죄하였사오니 나를 고치소서 하였나이다

다윗의 시, 인도자를 따라 부르는 노래

1

2

3

4

5 나의 원수가 내게 대하여 악담하
기를 그가 어느 때에나 죽고 그
의 이름이 언제나 없어질까 하며
6 나를 보러 와서는 거짓을 말하고
그의 중심에 악을 쌓았다가 나가
서는 이를 널리 선포하오며
7 나를 미워하는 자가 다 하나같이
내게 대하여 수군거리고 나를 해
하려고 꾀하며
8 이르기를 악한 병이 그에게 들었
으니 이제 그가 눕고 다시 일어나
지 못하리라 하오며
9 내가 신뢰하여 내 떡을 나눠 먹던
나의 가까운 친구도 나를 대적하
여 그의 발꿈치를 들었나이다
10 그러하오나 주 여호와여 내게 은
혜를 베푸시고 나를 일으키사 내
가 그들에게 보응하게 하소서 이
로써

5

6

7

8

9

10

11 내 원수가 나를 이기지 못하오니
주께서 나를 기뻐하시는 줄을 내
가 알았나이다
12 주께서 나를 온전한 중에 붙드시
고 영원히 주 앞에 세우시나이다
13 이스라엘의 하나님 여호와를 영
원부터 영원까지 송축할지로다
아멘 아멘

11

12

13

시편으로 드리는 기도 도움이 필요한 사람에게 도움 되는 것을 기뻐하시는 하나님,
이웃을 돕고 섬겨 하나님을 기쁘시게 하는 삶을 살게 하소서.

말씀 적용하기

DATE . . .

제이권 제42편

성전 성가대의 직임을 맡았던 고라 자손 중
익명의 한 시인이 기록한 시입니다.

고라 자손의 [1]마스길, 인도자를 따라 부르는 노래

1 하나님이여 사슴이 시냇물을 찾
기에 갈급함 같이 내 영혼이 주를
찾기에 갈급하니이다
2 내 영혼이 하나님 곧 살아 계시는
하나님을 갈망하나니 내가 어느
때에 나아가서 하나님의 얼굴을
뵈올까
3 사람들이 종일 내게 하는 말이
네 하나님이 어디 있느뇨 하오니
내 눈물이 주야로 내 음식이 되었
도다

고라 자손의 마스길, 인도자를 따라 부르는 노래

1

2

3

1 교훈

4 내가 전에 성일을 지키는 무리와
동행하여 기쁨과 감사의 소리를
내며 그들을 하나님의 집으로 인
도하였더니 이제 이 일을 기억하
고 내 마음이 상하는도다
5 내 영혼아 네가 어찌하여 낙심하
며 어찌하여 내 속에서 불안해 하
는가 너는 하나님께 소망을 두라
그가 나타나 도우심으로 말미암
아 내가 여전히 찬송하리로다
6 내 하나님이여 내 영혼이 내 속에
서 낙심이 되므로 내가 요단 땅과
헤르몬과 미살 산에서 주를 기억
하나이다
7 주의 폭포 소리에 깊은 바다가 서
로 부르며 주의 모든 파도와 물
결이 나를 휩쓸었나이다
8 낮에는 여호와께서 그의 인자하
심을 베푸시고 밤에는 그의 찬송
이 내게 있어 생명의 하나님께 기
도하리로다

4

5

6

7

8

9 내 반석이신 하나님께 말하기를
어찌하여 나를 잊으셨나이까 내
가 어찌하여 원수의 압제로 말
미암아 슬프게 다니나이까 하리
로다
10 내 뼈를 찌르는 칼 같이 내 대적
이 나를 비방하여 늘 내게 말하
기를 네 하나님이 어디 있느냐 하
도다
11 내 영혼아 네가 어찌하여 낙심하
며 어찌하여 내 속에서 불안해 하
는가 너는 하나님께 소망을 두라
나는 그가 나타나 도우심으로 말
미암아 내 하나님을 여전히 찬송
하리로다

9

10

11

시편으로 드리는 기도 하나님, 믿음이 부족하여 때로는 하나님을 잊어버리고
하나님의 깊은 뜻을 헤아리지도 못합니다.
그러나 하나님이 구원자심을 잊지 않게 하소서.

말씀 적용하기

제43편

시인은 자신을 원수의 손에서 구원해 주시어,
다시금 여호와의 전에 나아갈 수 있게 해달라고 간구합니다.

1 하나님이여 나를 판단하시되 경건
하지 아니한 나라에 대하여 내 송
사를 변호하시며 간사하고 불의
한 자에게서 나를 건지소서
2 주는 나의 힘이 되신 하나님이시
거늘 어찌하여 나를 버리셨나이까
내가 어찌하여 원수의 억압으로
말미암아 슬프게 다니나이까
3 주의 빛과 주의 진리를 보내시어
나를 인도하시고 주의 거룩한 산
과 주께서 계시는 곳에 이르게 하
소서

1

2

3

DATE . . .

4 그런즉 내가 하나님의 제단에 나
아가 나의 큰 기쁨의 하나님께 이
르리이다 하나님이여 나의 하나님
이여 내가 수금으로 주를 찬양하
리이다
5 내 영혼아 네가 어찌하여 낙심하
며 어찌하여 내 속에서 불안해 하
는가 너는 하나님께 소망을 두라
그가 나타나 도우심으로 말미암
아 내 하나님을 여전히 찬송하리
로다

4

5

시편으로 드리는 기도 찬양받기에 합당하신 하나님,
언제나 도우시는 하나님을 찬양합니다.
은혜로우신 하나님을 영원히 찬양하게 하소서.

말씀 적용하기

제44편

시인은 이스라엘이 이방 중에서
수치와 곤욕을 당하고 있음을 토로하면서
민족의 구원을 하나님께 간구합니다.

고라 자손의 [1]마스길, 인도자를 따라 부르는 노래

1 하나님이여 주께서 우리 조상들의 날 곧 옛날에 행하신 일을 그들이 우리에게 일러 주매 우리가 우리 귀로 들었나이다

2 주께서 주의 손으로 뭇 백성을 내쫓으시고 우리 조상들을 이 땅에 뿌리 박게 하시며 주께서 다른 민족들은 고달프게 하시고 우리 조상들은 번성하게 하셨나이다

고라 자손의 마스길, 인도자를 따라 부르는 노래

1

2

1 교훈

3 그들이 자기 칼로 땅을 얻어 차지
함이 아니요 그들의 팔이 그들을
구원함도 아니라 오직 주의 오른
손과 주의 팔과 주의 얼굴의 빛
으로 하셨으니 주께서 그들을 기
뻐하신 까닭이니이다
4 하나님이여 주는 나의 왕이시니
[1]야곱에게 구원을 베푸소서
5 우리가 주를 의지하여 우리 대적
을 누르고 우리를 치러 일어나는
자를 주의 이름으로 밟으리이다
6 나는 내 활을 의지하지 아니할 것
이라 내 칼이 나를 구원하지 못하
리이다
7 오직 주께서 우리를 우리 원수들
에게서 구원하시고 우리를 미워
하는 자로 수치를 당하게 하셨나
이다

3

4

5

6

7

1 야곱의 구원을 명하소서

8 우리가 종일 하나님을 자랑하였
나이다 우리는 하나님의 이름에
영원히 감사하리이다 (셀라)
9 그러나 이제는 주께서 우리를 버
려 욕을 당하게 하시고 우리 군
대와 함께 나아가지 아니하시나
이다
10 주께서 우리를 대적들에게서 돌
아서게 하시니 우리를 미워하는
자가 자기를 위하여 탈취하였나
이다
11 주께서 우리를 잡아먹힐 양처럼
그들에게 넘겨 주시고 여러 민족
중에 우리를 흩으셨나이다
12 주께서 주의 백성을 헐값으로 파
심이여 그들을 판 값으로 이익을
얻지 못하셨나이다
13 주께서 우리로 하여금 이웃에게
욕을 당하게 하시니 그들이 우리
를 둘러싸고 조소하고 조롱하나
이다

8

9

10

11

12

13

14 주께서 우리를 뭇 백성 중에 이
야기거리가 되게 하시며 민족 중
에서 머리 흔듦을 당하게 하셨나
이다
15 나의 능욕이 종일 내 앞에 있으며
수치가 내 얼굴을 덮었으니
16 나를 비방하고 욕하는 소리 때문
이요 나의 원수와 나의 복수자
때문이니이다
17 이 모든 일이 우리에게 임하였으
나 우리가 주를 잊지 아니하며 주
의 언약을 어기지 아니하였나이다
18 우리의 마음은 위축되지 아니하
고 우리 걸음도 주의 길을 떠나지
아니하였으나
19 주께서 우리를 승냥이의 처소에
밀어 넣으시고 우리를 사망의 그
늘로 덮으셨나이다
20 우리가 우리 하나님의 이름을 잊
어버렸거나 우리 손을 이방 신에
게 향하여 폈더면

14

15

16

17

18

19

20

21 하나님이 이를 알아내지 아니하셨
으리이까 무릇 주는 마음의 비밀
을 아시나이다
22 우리가 종일 주를 위하여 죽임을
당하게 되며 도살할 양 같이 여김
을 받았나이다
23 주여 깨소서 어찌하여 주무시나
이까 일어나시고 우리를 영원히
버리지 마소서
24 어찌하여 주의 얼굴을 가리시고
우리의 고난과 압제를 잊으시나
이까
25 우리 영혼은 진토 속에 파묻히고
우리 몸은 땅에 붙었나이다

21

22

23

24

25

26 일어나 우리를 도우소서 주의 인
자하심으로 말미암아 우리를 구
원하소서

26

시편으로 드리는 기도 하나님, 믿음의 선조들에게서 전해 받은 하나님에 대한 믿음을 다음세대에도 소중히 물려주기 원합니다. 이 귀한 믿음의 고리가 끊어지지 않게 하소서.

말씀 적용하기

제45편

이스라엘 왕의 결혼을 축하하는 시로
왕의 위엄과 영광을 찬양하고,
이어 신부에게 당부와 기원을 노래합니다.

고라 자손의 [1]마스길, 사랑의 노래,
인도자를 따라 [2]소산님에 맞춘 것

1 내 마음이 좋은 말로 왕을 위하여
지은 것을 말하리니 내 혀는 글솜
씨가 뛰어난 서기관의 붓끝과 같
도다

2 왕은 사람들보다 아름다워 은혜
를 입술에 머금으니 그러므로 하
나님이 왕에게 영원히 복을 주시
도다

3 용사여 칼을 허리에 차고 왕의 영
화와 위엄을 입으소서

고라 자손의 마스길, 사랑의 노래,
인도자를 따라 소산님에 맞춘 것

1

2

3

1 교훈
2 백합화 곡조

4 왕은 진리와 온유와 공의를 위하
여 왕의 위엄을 세우시고 병거에
오르소서 왕의 오른손이 왕에게
놀라운 일을 가르치리이다
5 왕의 화살은 날카로워 왕의 원수
의 염통을 뚫으니 만민이 왕의 앞
에 엎드러지는도다
6 [1]하나님이여 주의 보좌는 영원하
며 주의 나라의 규는 공평한 규이
니이다
7 왕은 정의를 사랑하고 악을 미워
하시니 그러므로 하나님 곧 왕의
하나님이 즐거움의 기름을 왕에
게 부어 왕의 동료보다 뛰어나게
하셨나이다
8 왕의 모든 옷은 몰약과 침향과
육계의 향기가 있으며 상아궁에
서 나오는 현악은 왕을 즐겁게 하
도다

4

5

6

7

8

1 주의 보좌는 하나님의 보좌라 영영하며

9 왕이 가까이 하는 여인들 중에는
왕들의 딸이 있으며 왕후는 오빌
의 금으로 꾸미고 왕의 오른쪽에
서도다
10 딸이여 듣고 보고 귀를 기울일지
어다 네 백성과 네 아버지의 집을
잊어버릴지어다
11 그리하면 왕이 네 아름다움을 사
모하실지라 그는 네 주인이시니
너는 그를 경배할지어다
12 두로의 딸은 예물을 드리고 백성
중 부한 자도 네 얼굴 보기를 원
하리로다
13 왕의 딸은 궁중에서 모든 영화를
누리니 그의 옷은 금으로 수 놓
았도다
14 수 놓은 옷을 입은 그는 왕께로
인도함을 받으며 시종하는 친구
처녀들도 왕께로 이끌려 갈 것
이라

9
10
11
12
13
14

15 그들은 기쁨과 즐거움으로 인도
함을 받고 왕궁에 들어가리로다
16 왕의 아들들은 왕의 조상들을 계
승할 것이라 왕이 그들로 온 세계
의 군왕을 삼으리로다
17 내가 왕의 이름을 만세에 기억하
게 하리니 그러므로 만민이 왕을
영원히 찬송하리로다

15

16

17

시편으로 드리는 기도 하나님, 신랑 되신 예수님이 신부인 우리, 즉 교회를 맞아
온 세상을 새롭게 하실 그 나라를 믿음으로 바라봅니다.
이 땅에 하나님나라가 속히 오게 하소서.

말씀 적용하기

제46편

시온을 노래하는 찬양시 가운데 하나입니다.
역사적 배경은 불투명합니다.

고라 자손의 시, 인도자를 따라 알라못에 맞춘 노래

1 하나님은 우리의 피난처시요 힘이시니 환난 중에 만날 큰 도움이시라

2 그러므로 땅이 변하든지 산이 흔들려 바다 가운데에 빠지든지

3 바닷물이 솟아나고 뛰놀든지 그것이 넘침으로 산이 흔들릴지라도 우리는 두려워하지 아니하리로다 (셀라)

4 한 시내가 있어 나뉘어 흘러 하나님의 성 곧 지존하신 이의 성소를 기쁘게 하도다

고라 자손의 시, 인도자를 따라 알라못에 맞춘 노래

1

2

3

4

5 하나님이 그 성 중에 계시매 성이
흔들리지 아니할 것이라 새벽에
하나님이 도우시리로다
6 뭇 나라가 떠들며 왕국이 흔들렸
더니 그가 소리를 내시매 땅이 녹
았도다
7 만군의 여호와께서 우리와 함께
하시니 야곱의 하나님은 우리의
[1]피난처시로다 (셀라)
8 와서 여호와의 행적을 볼지어다
그가 땅을 황무지로 만드셨도다
9 그가 땅 끝까지 전쟁을 쉬게 하심
이여 활을 꺾고 창을 끊으며 수레
를 불사르시는도다
10 이르시기를 너희는 가만히 있어
내가 하나님 됨을 알지어다 내가
뭇 나라 중에서 높임을 받으리라
내가 세계 중에서 높임을 받으리
라 하시도다

5

6

7

8

9

10

1 산성이시로다

11 만군의 여호와께서 우리와 함께
하시니 야곱의 하나님은 우리의
[1]피난처시로다 (셀라)

11

시편으로 드리는 기도 하나님, 하나님이 이루신 구원의 역사 속에서 지극히 높으신 하나님을 알기 원합니다.
하나님은 언제나 저와 함께하시며 피난처가 되심을 믿고 찬양하게 하소서.

말씀 적용하기

1 산성이시로다

DATE . . .

제47편

하나님의 나라를 노래한 시로
장막절을 배경으로 합니다(참조 레 23:34).

고라 자손의 시, 인도자를 따라 부르는 노래

1 너희 만민들아 손바닥을 치고 즐거운 소리로 하나님께 외칠지어다

2 지존하신 여호와는 두려우시고 온 땅에 큰 왕이 되심이로다

3 여호와께서 만민을 우리에게, 나라들을 우리 발 아래에 복종하게 하시며

4 우리를 위하여 기업을 택하시나니 곧 사랑하신 야곱의 영화로다 (셀라)

5 하나님께서 즐거운 함성 중에 올라가심이여 여호와께서 나팔 소리 중에 올라가시도다

고라 자손의 시, 인도자를 따라 부르는 노래

1

2

3

4

5

6 찬송하라 하나님을 찬송하라 찬
송하라 우리 왕을 찬송하라
7 하나님은 온 땅의 왕이심이라 지
혜의 시로 찬송할지어다
8 하나님이 뭇 백성을 다스리시며
하나님이 그의 거룩한 보좌에 앉
으셨도다
9 뭇 나라의 고관들이 모임이여 아
브라함의 하나님의 백성이 되도
다 세상의 모든 방패는 하나님의
것임이여 그는 높임을 받으시리
로다

6

7

8

9

시편으로 드리는 기도 하나님, 왕 되신 하나님을 전심으로 찬양합니다. 찬송을 부를 때 아멘으로 화답하며 소리 높여 할렐루야를 외치게 하소서.

말씀 적용하기

DATE . . .

제48편

예루살렘뿐 아니라 하나님의 백성이
그분의 통치에 순복하는 이상적인 세계를 가리키는
시온을 노래합니다.

고라 자손의 시 곧 노래

1 여호와는 위대하시니 우리 하나님의 성, 거룩한 산에서 극진히 찬양 받으시리로다

2 터가 높고 아름다워 온 세계가 즐거워함이여 큰 왕의 성 곧 북방에 있는 시온 산이 그러하도다

3 하나님이 그 여러 궁중에서 자기를 요새로 알리셨도다

4 왕들이 모여서 함께 지나갔음이여

5 그들이 보고 놀라고 두려워 빨리 지나갔도다

6 거기서 떨림이 그들을 사로잡으니 고통이 해산하는 여인의 고통 같도다

고라 자손의 시 곧 노래

1

2

3

4

5

6

7 주께서 동풍으로 다시스의 배를
깨뜨리시도다
8 우리가 들은 대로 만군의 여호와
의 성, 우리 하나님의 성에서 보았
나니 하나님이 이를 영원히 견고
하게 하시리로다 (셀라)
9 하나님이여 우리가 주의 전 가운
데에서 주의 인자하심을 생각하
였나이다
10 하나님이여 주의 이름과 같이 찬
송도 땅 끝까지 미쳤으며 주의 오
른손에는 정의가 충만하였나이다
11 주의 심판으로 말미암아 시온 산
은 기뻐하고 유다의 딸들은 즐거
워할지어다
12 너희는 시온을 돌면서 그 곳을 둘
러보고 그 망대들을 세어 보라
13 그의 성벽을 자세히 보고 그의 궁
전을 살펴서 후대에 전하라

7

8

9

10

11

12

13

DATE . . .

14 이 하나님은 영원히 우리 하나님
이시니 그가 우리를 죽을 때까지
인도하시리로다

14

시편으로 드리는 기도 하나님, 대적들의 손에서 보호하고 지켜주시니 참 감사합니다.
저도 다스려주시어 진정한 시온이 되게 하소서.

말씀 적용하기

제49편

재물의 헛됨을 지적하고 생명의 존귀함과 그 미래성을
내다보면서 자신 있는 해답을 내립니다.

고라 자손의 시, 인도자를 따라 부르는 노래

1 뭇 백성들아 이를 들으라 세상의 거민들아 모두 귀를 기울이라

2 귀천 빈부를 막론하고 다 들을지어다

3 내 입은 지혜를 말하겠고 내 마음은 명철을 작은 소리로 읊조리리로다

4 내가 비유에 내 귀를 기울이고 수금으로 나의 오묘한 말을 풀리로다

5 죄악이 나를 따라다니며 나를 에워싸는 환난의 날을 내가 어찌 두려워하랴

고라 자손의 시, 인도자를 따라 부르는 노래

1

2

3

4

5

6 자기의 재물을 의지하고 부유함
을 자랑하는 자는
7 아무도 자기의 형제를 구원하지
못하며 그를 위한 속전을 하나님
께 바치지도 못할 것은
8 그들의 생명을 속량하는 값이 너
무 엄청나서 영원히 마련하지 못
할 것임이니라
9 그가 영원히 살아서 죽음을 보지
않을 것인가
10 그러나 그는 지혜 있는 자도 죽고
어리석고 무지한 자도 함께 망하
며 그들의 재물은 남에게 남겨 두
고 떠나는 것을 보게 되리로다
11 그러나 그들의 속 생각에 그들의
집은 영원히 있고 그들의 거처는
대대에 이르리라 하여 그들의 토
지를 자기 이름으로 부르도다
12 사람은 존귀하나 장구하지 못함
이여 멸망하는 짐승 같도다

6

7

8

9

10

11

12

13 이것이 바로 어리석은 자들의 길
이며 그들의 말을 기뻐하는 자들
의 종말이로다 (셀라)
14 그들은 양 같이 스올에 두기로
작정되었으니 사망이 그들의 목
자일 것이라 정직한 자들이 아침
에 그들을 다스리리니 그들의 아
름다움은 소멸하고 스올이 그들
의 거처가 되리라
15 그러나 하나님은 나를 영접하시리
니 이러므로 내 영혼을 스올의 권
세에서 건져내시리로다 (셀라)
16 사람이 치부하여 그의 집의 영광
이 더할 때에 너는 두려워하지 말
지어다
17 그가 죽으매 가져가는 것이 없고
그의 영광이 그를 따라 내려가지
못함이로다
18 그가 비록 생시에 자기를 축하하
며 스스로 좋게 함으로 사람들에
게 칭찬을 받을지라도

13

14

15

16

17

18

19 그들은 그들의 역대 조상들에게
로 돌아가리니 영원히 빛을 보지
못하리로다
20 존귀하나 깨닫지 못하는 사람은
멸망하는 짐승 같도다

19

20

시편으로 드리는 기도 하나님, 저는 영원한 하나님의 자녀지만
이 세상의 삶도 살아야 합니다.
그러기 위해서는 주님의 긍휼과 지혜가 필요하오니 함께하여 주소서.

말씀 적용하기

제50편

레위 성가대의 대장인 아삽이 지은 것으로,
하나님이 기뻐 받으시는 예배를 가르쳐주는 지혜시입니다.

아삽의 시

1 전능하신 이 여호와 하나님께서
말씀하사 해 돋는 데서부터 지는
데까지 세상을 부르셨도다
2 온전히 아름다운 시온에서 하나
님이 빛을 비추셨도다
3 우리 하나님이 오사 잠잠하지 아
니하시니 그 앞에는 삼키는 불이
있고 그 사방에는 광풍이 불리
로다
4 하나님이 자기의 백성을 판결하시
려고 위 하늘과 아래 땅에 선포
하여
5 이르시되 나의 성도들을 내 앞에
모으라 그들은 제사로 나와 언약
한 이들이니라 하시도다

아삽의 시

1

2

3

4

5

6 하늘이 그의 공의를 선포하리니
하나님 그는 심판장이심이로다
(셀라)
7 내 백성아 들을지어다 내가 말하
리라 이스라엘아 내가 [1]네게 증
언하리라 나는 하나님 곧 네 하나
님이로다
8 나는 네 제물 때문에 너를 책망
하지는 아니하리니 네 번제가 항
상 내 앞에 있음이로다
9 내가 네 집에서 수소나 네 우리에
서 숫염소를 가져가지 아니하리니
10 이는 삼림의 짐승들과 [2]뭇 산의
가축이 다 내 것이며
11 산의 모든 새들도 내가 아는 것이
며 들의 짐승도 내 것임이로다
12 내가 가령 주려도 네게 이르지 아
니할 것은 세계와 거기에 충만한
것이 내 것임이로다

6

7

8

9

10

11

12

1 너를 대적하여 증언하리라
2 히, 일천

13 내가 수소의 고기를 먹으며 염소
의 피를 마시겠느냐
14 감사로 하나님께 제사를 드리며
지존하신 이에게 네 서원을 갚
으며
15 환난 날에 나를 부르라 내가 너
를 건지리니 네가 나를 영화롭게
하리로다
16 악인에게는 하나님이 이르시되 네
가 어찌하여 내 율례를 전하며 내
언약을 네 입에 두느냐
17 네가 교훈을 미워하고 내 말을 네
뒤로 던지며
18 도둑을 본즉 그와 연합하고 간음
하는 자들과 동료가 되며
19 네 입을 악에게 내어 주고 네 혀
로 거짓을 꾸미며
20 앉아서 네 형제를 공박하며 네 어
머니의 아들을 [1]비방하는도다

13

14

15

16

17

18

19

20

1 찌르는도다

21 네가 이 일을 행하여도 내가 잠잠
하였더니 네가 나를 너와 같은 줄
로 생각하였도다 그러나 내가 너
를 책망하여 네 죄를 네 눈 앞에
낱낱이 드러내리라 하시는도다
22 하나님을 잊어버린 너희여 이제
이를 생각하라 그렇지 아니하면
내가 너희를 찢으리니 건질 자 없
으리라
23 감사로 제사를 드리는 자가 나를
영화롭게 하나니 그의 행위를 옳
게 하는 자에게 내가 하나님의 구
원을 보이리라

21

22

23

시편으로 드리는 기도 하나님, 세상의 완악함을 핑계로
세상에 물들어 살지 않게 하소서.
늘 감사하고 정직한 모습으로 거룩하신 하나님을 예배하게 하소서.

말씀 적용하기

제51편

밧세바를 범한 일로 다윗은 인간뿐 아니라
하나님 앞에서 범죄했음을 고백하며 통회합니다.
대표적인 참회시입니다.

다윗의 시,
인도자를 따라 부르는 노래,
다윗이 밧세바와 동침한 후
선지자 나단이 그에게 왔을 때

1 하나님이여 주의 인자를 따라 내
게 은혜를 베푸시며 주의 많은
긍휼을 따라 내 죄악을 지워 주
소서
2 나의 죄악을 말갛게 씻으시며 나
의 죄를 깨끗이 제하소서
3 무릇 나는 내 죄과를 아오니 내
죄가 항상 내 앞에 있나이다

다윗의 시,
인도자를 따라 부르는 노래,
다윗이 밧세바와 동침한 후
선지자 나단이 그에게 왔을 때

1

2

3

DATE . . .

4 내가 주께만 범죄하여 주의 목전
에 악을 행하였사오니 주께서 말
씀하실 때에 의로우시다 하고 주
께서 심판하실 때에 순전하시다
하리이다
5 내가 죄악 중에서 출생하였음이
여 어머니가 죄 중에서 나를 잉태
하였나이다
6 보소서 주께서는 중심이 진실함
을 원하시오니 [1]내게 지혜를 은
밀히 가르치시리이다
7 우슬초로 나를 정결하게 하소서
내가 정하리이다 나의 죄를 씻어
주소서 내가 눈보다 희리이다
8 내게 즐겁고 기쁜 소리를 들려 주
시사 주께서 꺾으신 뼈들도 즐거
워하게 하소서
9 주의 얼굴을 내 죄에서 돌이키시
고 내 모든 죄악을 지워 주소서

4

5

6

7

8

9

1 내 은밀한 곳에

10 하나님이여 내 속에 정한 마음을
창조하시고 내 안에 [1]정직한 영
을 새롭게 하소서
11 나를 주 앞에서 쫓아내지 마시
며 주의 성령을 내게서 거두지 마
소서
12 주의 구원의 즐거움을 내게 회복
시켜 주시고 자원하는 심령을 주
사 나를 붙드소서
13 그리하면 내가 범죄자에게 주의
도를 가르치리니 죄인들이 주께
돌아오리이다
14 하나님이여 나의 구원의 하나님이
여 피 흘린 죄에서 나를 건지소서
내 혀가 주의 의를 높이 노래하리
이다
15 주여 내 입술을 열어 주소서 내 입
이 주를 찬송하여 전파하리이다

1 견고한

16 주께서는 제사를 기뻐하지 아니
하시나니 그렇지 아니하면 내가
드렸을 것이라 주는 번제를 기뻐
하지 아니하시나이다
17 하나님께서 구하시는 제사는 상
한 심령이라 하나님이여 상하고
통회하는 마음을 주께서 멸시하
지 아니하시리이다
18 주의 은택으로 시온에 선을 행하
시고 예루살렘 성을 쌓으소서
19 그 때에 주께서 의로운 제사와
번제와 온전한 번제를 기뻐하시
리니 그 때에 그들이 수소를 주의
제단에 드리리이다

16

17

18

19

시편으로 드리는 기도 하나님, 저는 죄인입니다. 하나님께 구원받은 자녀지만
하나님의 은혜가 아니면 온전하게 살아갈 수 없음을 고백합니다.
하나님의 크신 긍휼과 은혜로 붙들어주소서.

말씀 적용하기

제52편

사무엘상 22장을 배경으로 다윗이 자신을 도와준
제사장 아히멜렉의 희생에 대해 통분하며 지은 시입니다.

다윗의 [1]마스길,
인도자를 따라 부르는 노래,
에돔인 도엑이 사울에게 이르러
다윗이 아히멜렉의 집에 왔다고
그에게 말하던 때에

1 포악한 자여 네가 어찌하여 악한 계획을 스스로 자랑하는가 하나님의 인자하심은 항상 있도다

2 네 혀가 심한 악을 꾀하여 날카로운 삭도 같이 간사를 행하는도다

3 네가 선보다 악을 사랑하며 의를 말함보다 거짓을 사랑하는도다 (셀라)

4 간사한 혀여 너는 남을 해치는 모든 말을 좋아하는도다

다윗의 마스길,
인도자를 따라 부르는 노래,
에돔인 도엑이 사울에게 이르러
다윗이 아히멜렉의 집에 왔다고
그에게 말하던 때에

1

2

3

4

---

1 교훈

5 그런즉 하나님이 영원히 너를 멸
하심이여 너를 붙잡아 네 장막에
서 뽑아 내며 살아 있는 땅에서
네 뿌리를 빼시리로다 (셀라)
6 의인이 보고 두려워하며 또 그를
비웃어 말하기를
7 이 사람은 하나님을 자기 [1]힘으
로 삼지 아니하고 오직 자기 재물
의 풍부함을 의지하며 자기의 악
으로 스스로 든든하게 하던 자라
하리로다
8 그러나 나는 하나님의 집에 있는
푸른 감람나무 같음이여 하나님
의 인자하심을 영원히 의지하리
로다

5

6

7

8

1 성을

9 주께서 이를 행하셨으므로 내가
영원히 주께 감사하고 주의 이름
이 선하시므로 주의 성도 앞에서
내가 주의 이름을 사모하리이다

9

시편으로 드리는 기도 하나님, 구원자 예수 그리스도로 말미암아
저를 의인이라 칭해 주시니 감사합니다.
악을 멀리하기에 힘쓰고, 하나님의 사랑을 의지하는 의인으로 살게 하소서.

말씀 적용하기

제53편

인간의 타락을 비탄하는 탄식시로,
14편과 내용이나 구조에 있어 일치합니다.

다윗의 [1]마스길, 인도자를 따라 마할랏에 맞춘 노래

1 어리석은 자는 그의 마음에 이르기를 하나님이 없다 하도다 그들은 부패하며 가증한 악을 행함이여 선을 행하는 자가 없도다

2 하나님이 하늘에서 인생을 굽어 살피사 지각이 있는 자와 하나님을 찾는 자가 있는가 보려 하신즉

3 각기 물러가 함께 더러운 자가 되고 선을 행하는 자 없으니 한 사람도 없도다

다윗의 마스길, 인도자를 따라 마할랏에 맞춘 노래

1

2

3

1 교훈

4 죄악을 행하는 자들은 무지하냐
그들이 떡 먹듯이 내 백성을 먹으
면서 하나님을 부르지 아니하는
도다
5 그들이 두려움이 없는 곳에서 크
게 두려워하였으니 너를 대항하
여 진 친 그들의 뼈를 하나님이
흩으심이라 하나님이 그들을 버
리셨으므로 네가 그들에게 수치
를 당하게 하였도다
6 시온에서 이스라엘을 구원하여
줄 자 누구인가 하나님이 자기 백
성의 포로된 것을 돌이키실 때에
야곱이 즐거워하며 이스라엘이 기
뻐하리로다

4

5

6

시편으로 드리는 기도 하나님, 한순간도 하나님의 은혜와 인도하심 없이는 살 수 없음을 고백합니다.
언제나 하나님만 바라보며 하나님이 기뻐하시는 삶을 살게 하소서.

말씀 적용하기

제54편

다윗이 사울에게 쫓겨 다니던 때 지은 시로,
개인 탄식시로 분류됩니다.

다윗의 [1]마스길, 인도자를 따라
현악에 맞춘 노래, 십 사람이
사울에게 이르러 말하기를
다윗이 우리가 있는 곳에
숨지 아니하였나이까 하던 때에

다윗의 마스길, 인도자를 따라
현악에 맞춘 노래, 십 사람이
사울에게 이르러 말하기를
다윗이 우리가 있는 곳에
숨지 아니하였나이까 하던 때에

1 하나님이여 주의 이름으로 나를
구원하시고 주의 힘으로 나를 변
호하소서
2 하나님이여 내 기도를 들으시며
내 입의 말에 귀를 기울이소서
3 낯선 자들이 일어나 나를 치고 포
악한 자들이 나의 생명을 수색하
며 하나님을 자기 앞에 두지 아니
하였음이니이다 (셀라)

1

2

3

1 교훈

4 하나님은 나를 돕는 이시며 주께
서는 내 생명을 붙들어 주시는 이
시니이다
5 주께서는 내 원수에게 악으로 갚
으시리니 주의 성실하심으로 그
들을 멸하소서
6 내가 낙헌제로 주께 제사하리이
다 여호와여 주의 이름에 감사하
오리니 주의 이름이 선하심이니
이다
7 참으로 주께서는 모든 환난에서
나를 건지시고 내 원수가 보응 받
는 것을 내 눈이 똑똑히 보게 하
셨나이다

4

5

6

7

시편으로 드리는 기도 구원자 되시는 하나님,
언제나 구원의 하나님을 의지하여 강하고 담대하게 하소서.
하나님의 선하심을 찬양합니다.

말씀 적용하기

DATE . . .

제55편

다윗이 친구들에게 배신당해
목숨의 위협을 느낄 정도의 상황에서
하나님께 도움을 간구한 시입니다.

다윗의 [1]마스길, 인도자를 따라 현악에 맞춘 노래

1 하나님이여 내 기도에 귀를 기울이시고 내가 간구할 때에 숨지 마소서

2 내게 굽히사 응답하소서 내가 근심으로 편하지 못하여 탄식하오니

3 이는 원수의 소리와 악인의 압제 때문이라 그들이 죄악을 내게 더하며 노하여 나를 핍박하나이다

4 내 마음이 내 속에서 심히 아파하며 사망의 위험이 내게 이르렀도다

5 두려움과 떨림이 내게 이르고 공포가 나를 덮었도다

다윗의 마스길, 인도자를 따라 현악에 맞춘 노래

1

2

3

4

5

1 교훈

6 나는 말하기를 만일 내게 비둘기
같이 날개가 있다면 날아가서 편
히 쉬리로다
7 내가 멀리 날아가서 광야에 머무
르리로다 (셀라)
8 내가 나의 피난처로 속히 가서 폭
풍과 광풍을 피하리라 하였도다
9 내가 성내에서 강포와 분쟁을 보
았사오니 주여 그들을 멸하소서
그들의 혀를 잘라 버리소서
10 그들이 주야로 성벽 위에 두루 다
니니 성 중에는 죄악과 재난이 있
으며
11 악독이 그 중에 있고 압박과 속임
수가 그 거리를 떠나지 아니하도다
12 나를 책망하는 자는 원수가 아니
라 원수일진대 내가 참았으리라
나를 대하여 자기를 높이는 자는
나를 미워하는 자가 아니라 미워
하는 자일진대 내가 그를 피하여
숨었으리라

13 그는 곧 너로다 나의 동료, 나의
친구요 나의 가까운 친우로다
14 우리가 같이 재미있게 의논하며
무리와 함께 하여 하나님의 집 안
에서 다녔도다
15 사망이 갑자기 그들에게 임하여
산 채로 스올에 내려갈지어다 이
는 악독이 그들의 거처에 있고 그
들 가운데에 있음이로다
16 나는 하나님께 부르짖으리니 여
호와께서 나를 구원하시리로다
17 저녁과 아침과 정오에 내가 근심
하여 탄식하리니 여호와께서 내
소리를 들으시리로다
18 나를 대적하는 자 많더니 나를 치
는 전쟁에서 그가 내 생명을 구원
하사 평안하게 하셨도다
19 옛부터 계시는 하나님이 들으시
고 그들을 낮추시리이다 (셀라)
그들은 변하지 아니하며 하나님
을 경외하지 아니함이니이다

13

14

15

16

17

18

19

20 그는 손을 들어 자기와 화목한
자를 치고 그의 언약을 배반하였
도다
21 그의 입은 우유 기름보다 미끄러
우나 그의 마음은 전쟁이요 그의
말은 기름보다 유하나 실상은 뽑
힌 칼이로다
22 네 짐을 여호와께 맡기라 그가 너
를 붙드시고 의인의 요동함을 영
원히 허락하지 아니하시리로다
23 하나님이여 주께서 그들로 파멸
의 웅덩이에 빠지게 하시리이다
피를 흘리게 하며 속이는 자들은
그들의 날의 반도 살지 못할 것이
나 나는 주를 의지하리이다

20

21

22

23

시편으로 드리는 기도 하나님, 견딜 수 없는 아픔과 고난이 찾아올 때 믿음의 사람들을 생각하게 하소서. 그들이 믿음으로 이겨냈듯, 저도 하나님께 부르짖고 맡겨 믿음으로 승리하게 하소서.

말씀 적용하기

제56편

다윗이 사울을 피해 원수의 나라
블레셋으로 망명한 때(삼상 27, 29장)를 배경으로 합니다.

**다윗의 믹담 시, 인도자를 따라
요낫 엘렘 르호김에 맞춘 노래,
다윗이 가드에서
블레셋인에게 잡힌 때에**

1 하나님이여 내게 은혜를 베푸소서 사람이 나를 삼키려고 종일 치며 압제하나이다

2 [1]내 원수가 종일 나를 삼키려 하며 나를 교만하게 치는 자들이 많사오니

3 내가 두려워하는 날에는 내가 주를 의지하리이다

**다윗의 믹담 시, 인도자를 따라
요낫 엘렘 르호김에 맞춘 노래,
다윗이 가드에서
블레셋인에게 잡힌 때에**

1

2

3

1 나를 엿보는 자가

4 내가 하나님을 의지하고 그 말씀
을 찬송하올지라 내가 하나님을
의지하였은즉 두려워하지 아니하
리니 혈육을 가진 사람이 내게 어
찌하리이까
5 그들이 종일 내 말을 곡해하며 나
를 치는 그들의 모든 생각은 사
악이라
6 그들이 내 생명을 엿보았던 것과
같이 또 모여 숨어 내 발자취를
지켜보나이다
7 그들이 악을 행하고야 안전하오
리이까 하나님이여 분노하사 뭇
백성을 낮추소서
8 나의 유리함을 주께서 계수하셨
사오니 나의 눈물을 주의 병에 담
으소서 이것이 주의 책에 기록되
지 아니하였나이까

4

5

6

7

8

9 내가 아뢰는 날에 내 원수들이 물
러가리니 [1]이것으로 하나님이 내
편이심을 내가 아나이다
10 내가 하나님을 의지하여 그의 말
씀을 찬송하며 여호와를 의지하
여 그의 말씀을 찬송하리이다
11 내가 하나님을 의지하였은즉 두
려워하지 아니하리니 사람이 내게
어찌하리이까
12 하나님이여 내가 주께 서원함이
있사온즉 내가 감사제를 주께 드
리리니

9

10

11

12

1 이같이 아는 것은 하나님이 나를 위하심이니이다

13 주께서 내 생명을 사망에서 건지
셨음이라 주께서 나로 하나님 앞,
생명의 빛에 다니게 하시려고 실
족하지 아니하게 하지 아니하셨
나이까

13

시편으로 드리는 기도 하나님, 하나님의 만져주심이 세상의 두려움과 불안을 이기는 힘이 됩니다. 언제나 저와 함께하시어 세상을 담대히 살아가게 하소서.

말씀 적용하기

DATE . . .

제57편

블레셋에서 생명의 위협을 느낀 다윗이
그곳을 탈출한 후 동굴에 숨어 지내던 때(삼상 22, 24장)
지은 시입니다.

**다윗의 믹담 시, 인도자를 따라
알다스헷에 맞춘 노래,
다윗이 사울을 피하여
굴에 있던 때에**

1 하나님이여 내게 은혜를 베푸소서 내게 은혜를 베푸소서 내 영혼이 주께로 피하되 주의 날개 그늘 아래에서 이 재앙들이 지나기까지 피하리이다

2 내가 지존하신 하나님께 부르짖음이여 곧 나를 위하여 모든 것을 이루시는 하나님께로다

3 그가 하늘에서 보내사 나를 삼키려는 자의 비방에서 나를 구원하실지라 (셀라) 하나님이 그의 인자와 진리를 보내시리로다

**다윗의 믹담 시, 인도자를 따라
알다스헷에 맞춘 노래,
다윗이 사울을 피하여
굴에 있던 때에**

1

2

3

4 내 영혼이 사자들 가운데에서 살
며 내가 불사르는 자들 중에 누
웠으니 곧 사람의 아들들 중에라
그들의 이는 창과 화살이요 그들
의 혀는 날카로운 칼 같도다
5 하나님이여 주는 하늘 위에 높이
들리시며 주의 영광이 온 세계 위
에 높아지기를 원하나이다
6 그들이 내 걸음을 막으려고 그물
을 준비하였으니 내 영혼이 억울
하도다 그들이 내 앞에 웅덩이를
팠으나 자기들이 그 중에 빠졌도
다 (셀라)
7 하나님이여 내 마음이 확정되었고
내 마음이 확정되었사오니 내가
노래하고 내가 찬송하리이다
8 내 영광아 깰지어다 비파야, 수금
아, 깰지어다 내가 새벽을 깨우리
로다

4

5

6

7

8

DATE . . .

9 주여 내가 만민 중에서 주께 감사
하오며 뭇 나라 중에서 주를 찬송
하리이다
10 무릇 주의 인자는 커서 하늘에 미
치고 주의 진리는 궁창에 이르나
이다
11 하나님이여 주는 하늘 위에 높이
들리시며 주의 영광이 온 세계 위
에 높아지기를 원하나이다

9

10

11

시편으로 드리는 기도 하나님, 저를 향한 사람들의 평가와 비방으로 마음이 괴롭습니다. 구원의 하나님을 바라고 의지하며 찬송함으로 승리하게 하소서.

말씀 적용하기

제58편

사회의 불의에 대한 시인의 탄식과
불의를 반드시 심판하실 하나님을 외치고 있습니다.

다윗의 믹담 시, 인도자를 따라 알다스헷에 맞춘 노래

1 통치자들아 너희가 정의를 말해야 하거늘 어찌 잠잠하냐 인자들아 너희가 올바르게 판결해야 하거늘 어찌 잠잠하냐

2 아직도 너희가 중심에 악을 행하며 땅에서 너희 손으로 폭력을 달아 주는도다

3 악인은 모태에서부터 멀어졌음이여 나면서부터 곁길로 나아가 거짓을 말하는도다

4 그들의 독은 뱀의 독 같으며 그들은 귀를 막은 귀머거리 독사 같으니

다윗의 믹담 시, 인도자를 따라 알다스헷에 맞춘 노래

1

2

3

4

5 술사의 홀리는 소리도 듣지 않고 5
능숙한 술객의 요술도 따르지 아
니하는 독사로다
6 하나님이여 그들의 입에서 이를 6
꺾으소서 여호와여 젊은 사자의
어금니를 꺾어 내시며
7 그들이 급히 흐르는 물 같이 사라 7
지게 하시며 겨누는 화살이 꺾임
같게 하시며
8 소멸하여 가는 달팽이 같게 하시 8
며 만삭 되지 못하여 출생한 아이
가 햇빛을 보지 못함 같게 하소서
9 가시나무 불이 가마를 뜨겁게 하 9
기 전에 [1]생나무든지 불 붙는 나
무든지 강한 바람으로 휩쓸려가
게 하소서
10 의인이 악인의 보복 당함을 보고 10
기뻐함이여 그의 발을 악인의 피
에 씻으리로다

1 진노가 생 것을 회오리바람으로 제하여 버리듯하리로다

11 그 때에 사람의 말이 진실로 의인
에게 갚음이 있고 진실로 땅에서
심판하시는 하나님이 계시다 하리
로다

11

시편으로 드리는 기도 하나님, 불의한 지도자와 부패한 사회를 보더라도 절망하지 않게 하소서. 오직 정의와 공평으로 다스리시는 하나님만 바라보고 하나님나라의 도래를 소망하게 하소서.

말씀 적용하기

DATE . . .

제59편

사울이 자객을 보내 다윗을 죽이려 한 사건이 배경이며(삼상 19:11-17),
다윗은 하나님께 구원을 간구합니다.

다윗의 믹담 시, 인도자를 따라 알다스헷에 맞춘 노래, 사울이 사람을 보내어 다윗을 죽이려고 그 집을 지킨 때에

1 나의 하나님이여 나의 원수에게
서 나를 건지시고 일어나 치려는
자에게서 나를 높이 드소서
2 악을 행하는 자에게서 나를 건지
시고 피 흘리기를 즐기는 자에게
서 나를 구원하소서
3 그들이 나의 생명을 해하려고 엎
드려 기다리고 강한 자들이 모여
나를 치려 하오니 여호와여 이는
나의 잘못으로 말미암음이 아니
요 나의 죄로 말미암음도 아니로
소이다

다윗의 믹담 시, 인도자를 따라 알다스헷에 맞춘 노래, 사울이 사람을 보내어 다윗을 죽이려고 그 집을 지킨 때에

1

2

3

4 내가 허물이 없으나 그들이 달려
와서 스스로 준비하오니 주여 나
를 도우시기 위하여 깨어 살펴 주
소서
5 주님은 만군의 하나님 여호와, 이
스라엘의 하나님이시오니 일어나
모든 나라들을 벌하소서 악을 행
하는 모든 자들에게 은혜를 베풀
지 마소서 (셀라)
6 그들이 저물어 돌아와서 개처럼
울며 성으로 두루 다니고
7 그들의 입으로는 악을 토하며 그
들의 입술에는 칼이 있어 이르기
를 누가 들으리요 하나이다
8 여호와여 주께서 그들을 비웃으
시며 모든 나라들을 조롱하시리
이다
9 하나님은 나의 요새이시니 [1]그의
힘으로 말미암아 내가 주를 바라
리이다

1 칠십인역과 월겟역에는 '내 힘이시여 내가'

DATE . . .

10 나의 하나님이 그의 인자하심으
로 나를 영접하시며 하나님이 나
의 원수가 보응 받는 것을 내가
보게 하시리이다
11 그들을 죽이지 마옵소서 나의 백
성이 잊을까 하나이다 우리 방패
되신 주여 주의 능력으로 그들을
흩으시고 낮추소서
12 그들의 입술의 말은 곧 그들의 입
의 죄라 그들이 말하는 저주와 거
짓말로 말미암아 그들이 그 교만
한 중에서 사로잡히게 하소서
13 진노하심으로 소멸하시되 없어지
기까지 소멸하사 하나님이 야곱
중에서 다스리심을 땅 끝까지 알
게 하소서 (셀라)
14 그들에게 저물어 돌아와서 개처
럼 울며 성으로 두루 다니게 하
소서

10

11

12

13

14

15 그들은 먹을 것을 찾아 유리하다
가 배부름을 얻지 못하면 밤을 새
우려니와
16 나는 주의 힘을 노래하며 아침에
주의 인자하심을 높이 부르오리
니 주는 나의 요새이시며 나의 환
난 날에 피난처심이니이다
17 나의 힘이시여 내가 주께 찬송하
오리니 하나님은 나의 요새이시며
나를 긍휼히 여기시는 하나님이심
이니이다

15

16

17

시편으로 드리는 기도 하나님, 우리를 힘들게 하고 조롱하는 이들로 인해
낙담하지 않게 하소서. 우리의 삶을 친히 다스려주시고,
어려울 때일수록 주님만 의지하게 하소서.

말씀 적용하기

DATE . . .

제60편

이스라엘은 에돔에 침공당하지만,
하나님이 자기 백성을 버리지 않으심을 믿고
시인은 이스라엘의 승리를 노래합니다.

다윗이 교훈하기 위하여 지은 믹담,
인도자를 따라
수산에듯에 맞춘 노래,
다윗이 아람 나하라임과 아람소바와
싸우는 중에 요압이 돌아와 에돔을
소금 골짜기에서 쳐서
만 이천 명을 죽인 때에

다윗이 교훈하기 위하여 지은 믹담,
인도자를 따라
수산에듯에 맞춘 노래,
다윗이 아람 나하라임과 아람소바와
싸우는 중에 요압이 돌아와 에돔을
소금 골짜기에서 쳐서
만 이천 명을 죽인 때에

1 하나님이여 주께서 우리를 버려 흩으셨고 분노하셨사오나 지금은 우리를 회복시키소서

2 주께서 땅을 진동시키사 갈라지게 하셨사오니 그 틈을 기우소서 땅이 흔들림이니이다

3 주께서 주의 백성에게 어려움을 보이시고 비틀거리게 하는 포도주를 우리에게 마시게 하셨나이다

1

2

3

4 주를 경외하는 자에게 깃발을 주
시고 진리를 위하여 달게 하셨나
이다 (셀라)
5 주께서 사랑하시는 자를 건지시
기 위하여 주의 오른손으로 구원
하시고 응답하소서
6 하나님이 그의 거룩하심으로 말
씀하시되 내가 뛰놀리라 내가 세
겜을 나누며 숙곳 골짜기를 측량
하리라
7 길르앗이 내 것이요 므낫세도 내
것이며 에브라임은 내 머리의 투
구요 유다는 나의 규이며
8 모압은 나의 목욕통이라 에돔에
는 나의 신발을 던지리라 블레셋
아 나로 말미암아 외치라 하셨
도다
9 누가 나를 이끌어 견고한 성에 들
이며 누가 나를 에돔에 인도할까

4

5

6

7

8

9

10 하나님이여 주께서 우리를 버리지
아니하셨나이까 하나님이여 주께
서 우리 군대와 함께 나아가지 아
니하시나이다
11 우리를 도와 대적을 치게 하소서
사람의 구원은 헛됨이니이다
12 우리가 하나님을 의지하고 용감
하게 행하리니 그는 우리의 대적
을 밟으실 이심이로다

시편으로 드리는 기도 하나님, 어떠한 경우에도 하나님이 도우시고 사랑하시는 자녀임을 기억하게 하소서. 그 믿음으로 하나님께 간절히 부르짖기를 그치지 않게 하소서.

말씀 적용하기

제61편

다윗은 자신을 왕으로 세우신 하나님이
자신의 왕권도 지켜주실 것을 확신하며 찬양합니다.

다윗의 시, 인도자를 따라 현악에 맞춘 노래

1 하나님이여 나의 부르짖음을 들으시며 내 기도에 유의하소서

2 내 마음이 약해 질 때에 땅 끝에서부터 주께 부르짖으오리니 나보다 높은 바위에 나를 인도하소서

3 주는 나의 피난처시요 원수를 피하는 견고한 망대이심이니이다

4 내가 영원히 주의 장막에 머물며 내가 주의 날개 아래로 피하리이다 (셀라)

다윗의 시, 인도자를 따라 현악에 맞춘 노래

1

2

3

4

DATE . . .

5 주 하나님이여 주께서 나의 서원 5
을 들으시고 [1]주의 이름을 경외
하는 자가 얻을 기업을 내게 주셨
나이다
6 주께서 왕에게 장수하게 하사 그 6
의 나이가 여러 대에 미치게 하시
리이다
7 그가 영원히 하나님 앞에서 거주 7
하리니 인자와 진리를 예비하사
그를 보호하소서
8 그리하시면 내가 주의 이름을 영 8
원히 찬양하며 매일 나의 서원을
이행하리이다

시편으로 드리는 기도 하나님, 어려움에 처했을 때 절망하지 않게 하소서.
제게 베푸신 은혜를 기억하며, 다시금 소망의 자리로 나아가게 하소서.

말씀 적용하기

---

1 주를 경외하는 자에게 기업을 주셨나이다

제62편

다윗은 자신을 왕위에서 축출하려는 반역자들의 공격에 동요치 않고,
하나님을 향한 절대적 신뢰를 표현합니다.

다윗의 시, 인도자를 따라 여두둔의 법칙에 따라 부르는 노래

1 나의 [1]영혼이 잠잠히 하나님만 바라이여 나의 구원이 그에게서 나오는도다

2 오직 그만이 나의 반석이시요 나의 구원이시요 나의 요새이시니 내가 크게 흔들리지 아니하리로다

3 넘어지는 담과 흔들리는 울타리 같이 사람을 죽이려고 너희가 일제히 공격하기를 언제까지 하려느냐

다윗의 시, 인도자를 따라 여두둔의 법칙에 따라 부르는 노래

1

2

3

---

1 영혼이 하나님 앞에 잠잠함이여

4 그들이 그를 그의 높은 자리에서
떨어뜨리기만 꾀하고 거짓을 즐
겨 하니 입으로는 축복이요 속으
로는 저주로다 (셀라)
5 나의 영혼아 [1]잠잠히 하나님만
바라라 무릇 나의 소망이 그로부
터 나오는도다
6 오직 그만이 나의 반석이시요 나
의 구원이시요 나의 요새이시니
내가 흔들리지 아니하리로다
7 나의 구원과 영광이 하나님께 있
음이여 내 힘의 반석과 피난처도
하나님께 있도다
8 백성들아 시시로 그를 의지하고
그의 앞에 마음을 토하라 하나님
은 우리의 피난처시로다 (셀라)
9 아, 슬프도다 사람은 입김이며 인
생도 속임수이니 저울에 달면 그
들은 입김보다 가벼우리로다

4

5

6

7

8

9

1 하나님 앞에 잠잠하라

10 포악을 의지하지 말며 탈취한 것
으로 허망하여지지 말며 재물이
늘어도 거기에 마음을 두지 말지
어다
11 하나님이 한두 번 하신 말씀을 내
가 들었나니 권능은 하나님께 속
하였다 하셨도다
12 주여 인자함은 주께 속하오니 주
께서 각 사람이 행한 대로 갚으심
이니이다

10

11

12

시편으로 드리는 기도 하나님, 고난 가운데 있을지라도 하나님의 도우심을 믿으며
하나님이 이미 저와 함께하심을 확신하게 하소서.
주님 안에서 담대하고 평안하기 원합니다.

말씀 적용하기

DATE . . .

제63편

다윗은 고난에 처했지만,
자신을 돌보시고 은총을 베푸시는 하나님을 의지하여
환난 중에도 기뻐할 수 있었습니다.

다윗의 시, 유다 광야에 있을 때에

1 하나님이여 주는 나의 하나님이
시라 내가 간절히 주를 찾되 물이
없어 마르고 황폐한 땅에서 내 영
혼이 주를 갈망하며 내 육체가 주
를 앙모하나이다
2 내가 주의 권능과 영광을 보기 위
하여 이와 같이 성소에서 주를 바
라보았나이다
3 주의 인자하심이 생명보다 나으
므로 내 입술이 주를 찬양할 것
이라
4 이러므로 나의 평생에 주를 송축
하며 주의 이름으로 말미암아 나
의 손을 들리이다

다윗의 시, 유다 광야에 있을 때에

1

2

3

4

5 골수와 기름진 것을 먹음과 같이
나의 영혼이 만족할 것이라 나의
입이 기쁜 입술로 주를 찬송하되
6 내가 나의 침상에서 주를 기억하
며 새벽에 주의 말씀을 작은 소리
로 읊조릴 때에 하오리니
7 주는 나의 도움이 되셨음이라 내
가 주의 날개 그늘에서 즐겁게 부
르리이다
8 나의 영혼이 주를 가까이 따르
니 주의 오른손이 나를 붙드시거
니와
9 나의 영혼을 찾아 멸하려 하는 그
들은 땅 깊은 곳에 들어가며
10 칼의 세력에 넘겨져 [1]승냥이의 먹
이가 되리이다

1 여우의

DATE . . .

11 왕은 하나님을 즐거워하리니 주
께 맹세한 자마다 자랑할 것이
나 거짓말하는 자의 입은 막히리
로다

11

시편으로 드리는 기도 사랑의 하나님, 언제나 변함없이 인자하신 하나님을 찬양합니다.
이 고백이 영원하도록 제 마음과 생각을 지키소서.

말씀 적용하기

제64편

의인에게도 고난이 닥친다는 사실에 고민한 다윗이,
악인에 대한 심판을 바라보면서
그 해결책을 찾았음을 시사하는 내용입니다.

다윗의 시, 인도자를 따라 부르는 노래

1 하나님이여 내가 근심하는 소리
를 들으시고 원수의 두려움에서
나의 생명을 보존하소서
2 주는 악을 꾀하는 자들의 음모에
서 나를 숨겨 주시고 악을 행하는
자들의 소동에서 나를 감추어 주
소서
3 그들이 칼 같이 자기 혀를 연마하
며 화살 같이 독한 말로 겨누고
4 숨은 곳에서 온전한 자를 쏘며 갑
자기 쏘고 두려워하지 아니하는
도다

다윗의 시, 인도자를 따라 부르는 노래

1

2

3

4

DATE . . .

5 그들은 악한 목적으로 서로 격려
하며 남몰래 올무 놓기를 함께
의논하고 하는 말이 누가 [1]우리
를 보리요 하며
6 그들은 죄악을 꾸미며 이르기를
우리가 묘책을 찾았다 하나니 각
사람의 속 뜻과 마음이 깊도다
7 그러나 하나님이 그들을 쏘시리
니 그들이 갑자기 화살에 상하리
로다
8 이러므로 그들이 엎드러지리니 그
들의 혀가 그들을 해함이라 그들
을 보는 자가 다 [2]머리를 흔들리
로다
9 모든 사람이 두려워하여 하나님
의 일을 선포하며 그의 행하심을
깊이 생각하리로다

5

6

7

8

9

1 시리아 역을 따름. 히, 그들을

2 도망하리로다

10 의인은 여호와로 말미암아 즐거
워하며 그에게 피하리니 마음이
정직한 자는 다 자랑하리로다

10

시편으로 드리는 기도 하나님, 고난과 실패의 아픔 그리고 비방과 험담이 끊임없이 저를 찔러댑니다. 그러나 제가 할 수 있는 것은 공의의 하나님을 바라보는 것뿐입니다. 저를 불쌍히 여기소서.

말씀 적용하기

제65편

시 전체에 감사의 찬송이 흘러넘치고 있습니다.
찬양의 대상인 하나님의 자비로운 복 주심을 볼 수 있는 다윗의 시입니다.

다윗의 시, 인도자를 따라 부르는 노래

1 하나님이여 찬송이 시온에서 주를 기다리오며 사람이 서원을 주께 이행하리이다

2 기도를 들으시는 주여 모든 육체가 주께 나아오리이다

3 죄악이 나를 이겼사오니 우리의 허물을 주께서 [1] 사하시리이다

4 주께서 택하시고 가까이 오게 하사 주의 뜰에 살게 하신 사람은 복이 있나이다 우리가 주의 집 곧 주의 성전의 아름다움으로 만족하리이다

다윗의 시, 인도자를 따라 부르는 노래

1

2

3

4

1 속하시리이다

5 우리 구원의 하나님이시여 땅의
모든 끝과 먼 바다에 있는 자가
의지할 주께서 의를 따라 엄위하
신 일로 우리에게 응답하시리이다
6 주는 주의 힘으로 산을 세우시며
권능으로 띠를 띠시며
7 바다의 설렘과 물결의 흔들림과
만민의 소요까지 진정하시나이다
8 땅 끝에 사는 자가 주의 징조를
두려워하나이다 주께서 아침 되
는 것과 저녁 되는 것을 즐거워하
게 하시며
9 땅을 돌보사 물을 대어 심히 윤택
하게 하시며 하나님의 강에 물이
가득하게 하시고 이같이 땅을 예
비하신 후에 그들에게 곡식을 주
시나이다
10 주께서 밭고랑에 물을 넉넉히 대
사 그 이랑을 평평하게 하시며 또
단비로 부드럽게 하시고 그 싹에
복을 주시나이다

5

6

7

8

9

10

DATE . . .

11 주의 은택으로 한 해를 관 씌우
시니 주의 길에는 기름 방울이 떨
어지며
12 들의 초장에도 떨어지니 작은 산
들이 기쁨으로 띠를 띠었나이다
13 초장은 양 떼로 옷 입었고 골짜
기는 곡식으로 덮였으매 그들이
다 즐거이 외치고 또 노래하나
이다

11

12

13

시편으로 드리는 기도 창조주 하나님, 언제나 제 기도를 들으시며
허물을 덮어주시고 필요를 채워주시니 감사합니다.
하나님께 감사와 찬송을 영원히 올려드립니다.

말씀 적용하기

제66편

본 시의 저자는 알려지지 않았지만,
저작 동기는 하나님의 구원 역사를 찬양하기 위함임을
분명히 알 수 있습니다.

시, 인도자를 따라 부르는 노래

1 온 땅이여 하나님께 즐거운 소리를 낼지어다

2 그의 이름의 영광을 찬양하고 영화롭게 찬송할지어다

3 하나님께 아뢰기를 주의 일이 어찌 그리 엄위하신지요 주의 큰 권능으로 말미암아 주의 원수가 주께 복종할 것이며

4 온 땅이 주께 경배하고 주를 노래하며 주의 이름을 노래하리이다 할지어다 (셀라)

5 와서 하나님께서 행하신 것을 보라 사람의 아들들에게 행하심이 엄위하시도다

시, 인도자를 따라 부르는 노래

1

2

3

4

5

6 하나님이 바다를 변하여 육지가
되게 하셨으므로 무리가 걸어서
강을 건너고 우리가 거기서 주로
말미암아 기뻐하였도다
7 그가 그의 능력으로 영원히 다스
리시며 그의 눈으로 나라들을 살
피시나니 거역하는 자들은 교만
하지 말지어다 (셀라)
8 만민들아 우리 하나님을 송축하
며 그의 찬양 소리를 들리게 할지
어다
9 그는 우리 영혼을 살려 두시고 우
리의 실족함을 허락하지 아니하시
는 주시로다
10 하나님이여 주께서 우리를 시험하
시되 우리를 단련하시기를 은을
단련함 같이 하셨으며
11 우리를 끌어 그물에 걸리게 하시
며 어려운 짐을 우리 허리에 매어
두셨으며

12 사람들이 우리 머리를 타고 가게
하셨나이다 우리가 불과 물을 통
과하였더니 주께서 우리를 끌어
내사 풍부한 곳에 들이셨나이다
13 내가 번제물을 가지고 주의 집에
들어가서 나의 서원을 주께 갚으
리니
14 이는 내 입술이 낸 것이요 내 환
난 때에 내 입이 말한 것이니이다
15 내가 숫양의 향기와 함께 살진 것
으로 주께 번제를 드리며 수소와
염소를 드리리이다 (셀라)
16 하나님을 두려워하는 너희들아
다 와서 들으라 하나님이 나의 영
혼을 위하여 행하신 일을 내가 선
포하리로다
17 내가 나의 입으로 그에게 부르
짖으며 나의 혀로 높이 찬송하였
도다
18 내가 나의 마음에 죄악을 품었더
라면 주께서 듣지 아니하시리라

12

13

14

15

16

17

18

DATE . . .

19 그러나 하나님이 실로 들으셨음
이여 내 기도 소리에 귀를 기울이
셨도다
20 하나님을 찬송하리로다 그가 내
기도를 물리치지 아니하시고 그
의 인자하심을 내게서 거두지도
아니하셨도다

19

20

시편으로 드리는 기도 사랑의 하나님,
베풀어주신 은혜를 감사한 마음으로 찬양하게 하소서.
어려움 가운데 있더라도 베푸실 은혜를 기대함으로 찬양하게 하소서.

말씀 적용하기

제67편

하나님께서 복 주실 것을 간구하는
공동체의 기도문입니다.

시 곧 노래, 인도자를 따라 현악에 맞춘 것

1 하나님은 우리에게 은혜를 베푸사 복을 주시고 그의 얼굴 빛을 우리에게 비추사 (셀라)

2 주의 도를 땅 위에, 주의 구원을 모든 나라에게 알리소서

3 하나님이여 민족들이 [1]주를 찬송하게 하시며 모든 민족들이 주를 찬송하게 하소서

4 온 백성은 기쁘고 즐겁게 노래할지니 주는 민족들을 공평히 심판하시며 땅 위의 나라들을 다스리실 것임이니이다 (셀라)

시 곧 노래, 인도자를 따라 현악에 맞춘 것

1

2

3

4

---

1 주께 감사하게 하소서

5 하나님이여 민족들이 주를 찬송
하게 하시며 모든 민족으로 주를
찬송하게 하소서
6 땅이 그의 소산을 내어 주었으니
하나님 곧 우리 하나님이 우리에
게 복을 주시리로다
7 하나님이 우리에게 복을 주시리니
땅의 모든 끝이 하나님을 경외하
리로다

5

6

7

시편으로 드리는 기도 하나님, 세상 사람들은 자신의 안위를 위해 복을 구합니다. 그러나 하나님의 자녀인 저는 하나님의 뜻을 이 땅 가운데 이루기 위해 복을 구하게 하소서.

말씀 적용하기

제68편

법궤를 중심으로 이스라엘의 과거 역사와
오늘의 축복과 미래의 영광을 노래한 대서사시입니다.

다윗의 시, 인도자를 따라 부르는 노래

1 하나님이 일어나시니 원수들은 흩어지며 주를 미워하는 자들은 주 앞에서 도망하리이다

2 연기가 불려 가듯이 그들을 몰아내소서 불 앞에서 밀이 녹음 같이 악인이 하나님 앞에서 망하게 하소서

3 의인은 기뻐하여 하나님 앞에서 뛰놀며 기뻐하고 [1]즐거워할지어다

다윗의 시, 인도자를 따라 부르는 노래

1

2

3

1 즐거워하게 하소서

4 하나님께 노래하며 그의 이름을
찬양하라 하늘을 타고 광야에 행
하시던 이를 위하여 대로를 수축
하라 그의 이름은 여호와이시니
그의 앞에서 뛰놀지어다
5 그의 거룩한 처소에 계신 하나님
은 고아의 아버지시며 과부의 재
판장이시라
6 하나님이 고독한 자들은 [1]가족
과 함께 살게 하시며 갇힌 자들은
이끌어 내사 형통하게 하시느니
라 오직 거역하는 자들의 거처는
메마른 땅이로다
7 하나님이여 주의 백성 앞에서 앞
서 나가사 광야에서 행진하셨을
때에 (셀라)

4

5

6

7

1 집에 거하게 하시며

8 땅이 진동하며 [1]하늘이 하나님
앞에서 떨어지며 저 시내 산도 하
나님 곧 이스라엘의 하나님 앞에
서 진동하였나이다
9 하나님이여 주께서 흡족한 비를
보내사 주의 기업이 곤핍할 때에
주께서 그것을 견고하게 하셨고
10 주의 회중을 그 가운데에 살게
하셨나이다 하나님이여 주께서
가난한 자를 위하여 주의 은택을
준비하셨나이다
11 주께서 말씀을 주시니 소식을 공
포하는 여자들은 큰 무리라
12 여러 군대의 왕들이 도망하고 도
망하니 집에 있던 여자들도 탈취
물을 나누도다
13 너희가 양 우리에 누울 때에는 그
날개를 은으로 입히고 그 깃을 황
금으로 입힌 비둘기 같도다

8

9

10

11

12

13

1 하늘이 하나님 앞에 비를 떨어뜨리며

14 전능하신 이가 왕들을 그 중에서
흩으실 때에는 살몬에 눈이 날림
같도다
15 바산의 산은 하나님의 산임이여
바산의 산은 [1]높은 산이로다
16 너희 [1]높은 산들아 어찌하여 하나
님이 계시려 하는 산을 시기하여
보느냐 진실로 여호와께서 이 산
에 영원히 계시리로다
17 하나님의 병거는 천천이요 만만
이라 주께서 그 중에 계심이 시내
산 성소에 계심 같도다
18 주께서 높은 곳으로 오르시며 사
로잡은 자들을 취하시고 선물들
을 사람들에게서 받으시며 반역
자들로부터도 받으시니 여호와
하나님이 그들과 함께 계시기 때
문이로다

14

15

16

17

18

1 여러 봉이 있는 산

19 날마다 우리 짐을 지시는 주 곧
우리의 구원이신 하나님을 찬송
할지로다 (셀라)
20 하나님은 우리에게 구원의 하나
님이시라 사망에서 벗어남은 주
여호와로 말미암거니와
21 그의 원수들의 머리 곧 죄를 짓고
다니는 자의 정수리는 하나님이
쳐서 깨뜨리시리로다
22 주께서 말씀하시기를 내가 그들
을 바산에서 돌아오게 하며 바다
깊은 곳에서 도로 나오게 하고
23 네가 그들을 심히 치고 그들의 피
에 네 발을 잠그게 하며 네 집의
개의 혀로 네 원수들에게서 제 분
깃을 얻게 하리라 하시도다
24 하나님이여 그들이 주께서 행차
하심을 보았으니 곧 나의 하나님,
나의 왕이 성소로 행차하시는 것
이라

19

20

21

22

23

24

25 소고 치는 처녀들 중에서 노래 부
르는 자들은 앞서고 악기를 연주
하는 자들은 뒤따르나이다
26 이스라엘의 근원에서 나온 너희
여 대회 중에 하나님 곧 주를 송
축할지어다
27 거기에는 그들을 주관하는 작은
베냐민과 유다의 고관과 그들의
무리와 스불론의 고관과 납달리
의 고관이 있도다
28 네 하나님이 너의 힘을 명령하셨
도다 하나님이여 우리를 위하여
행하신 것을 견고하게 하소서
29 예루살렘에 있는 주의 전을 위
하여 왕들이 주께 예물을 드리리
이다
30 갈밭의 들짐승과 수소의 무리와
만민의 송아지를 꾸짖으시고 은
조각을 발 아래에 밟으소서 그
가 전쟁을 즐기는 백성을 흩으셨
도다

25

26

27

28

29

30

31 고관들은 애굽에서 나오고 구스
인은 하나님을 향하여 그 손을 신
속히 들리로다
32 땅의 왕국들아 하나님께 노래하
고 주께 찬송할지어다 (셀라)
33 옛적 하늘들의 하늘을 타신 자에
게 찬송하라 주께서 그 소리를
내시니 웅장한 소리로다
34 너희는 하나님께 능력을 돌릴지어
다 그의 위엄이 이스라엘 위에 있
고 그의 능력이 구름 속에 있도다
35 하나님이여 위엄을 성소에서 나타
내시나이다 이스라엘의 하나님은
그의 백성에게 힘과 능력을 주시
나니 하나님을 찬송할지어다

31

32

33

34

35

시편으로 드리는 기도 하나님, 수고하고 무거운 짐 진 자들을 초대하여
그 짐을 대신 져주시는 주님을 늘 묵상하게 하소서.
제 어깨에서 주님의 어깨로 짐을 옮겨 놓는 믿음의 결단을 하게 하소서.

말씀 적용하기

제69편

다윗은 자신이 처한 암담한 상황을 하나님께 토로하며,
기도에 응답해 주실 것을 믿으며 찬양합니다.

다윗의 시, 인도자를 따라

[1] 소산님에 맞춘 노래

1 하나님이여 나를 구원하소서 물들이 내 영혼에까지 흘러 들어왔나이다

2 나는 설 곳이 없는 깊은 수렁에 빠지며 깊은 물에 들어가니 큰 물이 내게 넘치나이다

3 내가 부르짖음으로 피곤하여 나의 목이 마르며 나의 하나님을 바라서 나의 눈이 쇠하였나이다

다윗의 시, 인도자를 따라

소산님에 맞춘 노래

1

2

3

1 백합화 곡조

4 까닭 없이 나를 미워하는 자가 나
의 머리털보다 많고 부당하게 나
의 원수가 되어 나를 끊으려 하는
자가 강하였으니 내가 빼앗지 아
니한 것도 물어 주게 되었나이다
5 하나님이여 주는 나의 우매함을
아시오니 나의 죄가 주 앞에서 숨
김이 없나이다
6 주 만군의 여호와여 주를 바라는
자들이 나를 인하여 수치를 당하
게 하지 마옵소서 이스라엘의 하
나님이여 주를 찾는 자가 나로
말미암아 욕을 당하게 하지 마옵
소서
7 내가 주를 위하여 비방을 받았사
오니 수치가 나의 얼굴에 덮였나
이다
8 내가 나의 형제에게는 객이 되고
나의 어머니의 자녀에게는 낯선
사람이 되었나이다

DATE . . .

9 주의 집을 위하는 열성이 나를 삼
키고 주를 비방하는 비방이 내게
미쳤나이다
10 내가 곡하고 금식하였더니 그것
이 도리어 나의 욕이 되었으며
11 내가 굵은 베로 내 옷을 삼았더니
내가 그들의 말거리가 되었나이다
12 성문에 앉은 자가 나를 비난하며
독주에 취한 무리가 나를 두고
노래하나이다
13 여호와여 나를 반기시는 때에 내
가 주께 기도하오니 하나님이여
많은 인자와 구원의 진리로 내게
응답하소서
14 나를 수렁에서 건지사 빠지지 말
게 하시고 나를 미워하는 자에게
서와 깊은 물에서 건지소서
15 큰 물이 나를 휩쓸거나 깊음이 나
를 삼키지 못하게 하시며 웅덩이
가 내 위에 덮쳐 그것의 입을 닫지
못하게 하소서

9

10

11

12

13

14

15

16 여호와여 주의 인자하심이 선하시
오니 내게 응답하시며 주의 많은
긍휼에 따라 내게로 돌이키소서
17 주의 얼굴을 주의 종에게서 숨기
지 마소서 내가 환난 중에 있사오
니 속히 내게 응답하소서
18 내 영혼에게 가까이하사 구원하
시며 내 원수로 말미암아 나를 속
량하소서
19 주께서 나의 비방과 수치와 능욕
을 아시나이다 나의 대적자들이
다 주님 앞에 있나이다
20 비방이 나의 마음을 상하게 하여
[1]근심이 충만하니 불쌍히 여길
자를 바라나 없고 긍휼히 여길 자
를 바라나 찾지 못하였나이다
21 그들이 쓸개를 나의 음식물로 주
며 목마를 때에는 초를 마시게
하였사오니

16

17

18

19

20

21

1 심히 병이 되니

22 그들의 밥상이 올무가 되게 하
시며 그들의 평안이 덫이 되게 하
소서

23 그들의 눈이 어두워 보지 못하게
하시며 그들의 허리가 항상 떨리
게 하소서

24 주의 분노를 그들의 위에 부으시
며 주의 맹렬하신 노가 그들에게
미치게 하소서

25 그들의 거처가 황폐하게 하시며
그들의 장막에 사는 자가 없게 하
소서

26 무릇 그들이 주께서 치신 자를 핍
박하며 주께서 상하게 하신 자의
슬픔을 말하였사오니

27 그들의 죄악에 죄악을 더하사
주의 공의에 들어오지 못하게 하
소서

28 그들을 생명책에서 지우사 의인
들과 함께 기록되지 말게 하소서

22

23

24

25

26

27

28

29 오직 나는 가난하고 슬프오니 하
나님이여 주의 구원으로 나를 높
이소서
30 내가 노래로 하나님의 이름을 찬
송하며 감사함으로 하나님을 위
대하시다 하리니
31 이것이 소 곧 뿔과 굽이 있는 황
소를 드림보다 여호와를 더욱 기
쁘시게 함이 될 것이라
32 곤고한 자가 이를 보고 기뻐하나
니 하나님을 찾는 너희들아 너희
마음을 소생하게 할지어다
33 여호와는 궁핍한 자의 소리를 들
으시며 자기로 말미암아 갇힌 자
를 멸시하지 아니하시나니
34 천지가 그를 찬송할 것이요 바다
와 그 중의 모든 생물도 그리할
지로다
35 하나님이 시온을 구원하시고 유
다 성읍들을 건설하시리니 무리가
거기에 살며 소유를 삼으리로다

29

30

31

32

33

34

35

36 그의 종들의 후손이 또한 이를 상
속하고 그의 이름을 사랑하는 자
가 그 중에 살리로다

36

시편으로 드리는 기도 하나님, 제 의지와 상관없이 불청객처럼 찾아오는 고난의 시간에, 하나님의 사랑을 더욱 묵상하게 하소서. 고난을 넉넉히 이기고도 남게 하소서.

말씀 적용하기

제70편

다윗은 하나님께 도움을 청하면서,
자신을 위한 기도에만 머물지 않고
주를 찾는 모든 자에게 임할 은혜를 간구합니다.

다윗의 시로 기념식에서 인도자를 따라 부르는 노래

1 하나님이여 나를 건지소서 여호와
여 속히 나를 도우소서
2 나의 영혼을 찾는 자들이 수치와
무안을 당하게 하시며 나의 상함
을 기뻐하는 자들이 뒤로 물러가
수모를 당하게 하소서
3 아하, 아하 하는 자들이 자기 수
치로 말미암아 뒤로 물러가게 하
소서
4 주를 찾는 모든 자들이 주로 말
미암아 기뻐하고 즐거워하게 하
시며 주의 구원을 사랑하는 자들
이 항상 말하기를 하나님은 위대
하시다 하게 하소서

다윗의 시로 기념식에서 인도자를 따라 부르는 노래

1

2

3

4

DATE . . .

5 나는 가난하고 궁핍하오니 하나
님이여 속히 내게 임하소서 주는
나의 도움이시요 나를 건지시는
이시오니 여호와여 지체하지 마
소서

5

시편으로 드리는 기도 우리의 힘과 소망 되시는 하나님,
우리를 낙심케 하는 환경에 놓일지라도, 하나님이 소망이심을 굳건히 믿게 하소서.
그 믿음으로 절망의 자리에서 소망의 자리로 옮겨가게 하소서.

말씀 적용하기

제71편

시인은 노년의 시기로 접어들었고,
원수의 위협에 처해 있는 위기 상황에서도 변함없이
하나님께 소망을 두고 구원을 간구합니다.

1 여호와여 내가 주께 피하오니 내 1
가 영원히 수치를 당하게 하지 마
소서
2 주의 의로 나를 건지시며 나를 풀 2
어 주시며 주의 귀를 내게 기울이
사 나를 구원하소서
3 주는 내가 항상 피하여 숨을 바위 3
가 되소서 주께서 나를 구원하라
명령하셨으니 이는 주께서 나의 반
석이시요 나의 요새이심이니이다
4 나의 하나님이여 나를 악인의 손 4
곧 불의한 자와 흉악한 자의 장
중에서 피하게 하소서
5 주 여호와여 주는 나의 소망이시 5
요 내가 어릴 때부터 신뢰한 이
시라

6 내가 모태에서부터 주를 의지하
였으며 나의 어머니의 배에서부터
주께서 나를 택하셨사오니 나는
항상 주를 찬송하리이다
7 나는 무리에게 이상한 징조 같이
되었사오나 주는 나의 견고한 피
난처시오니
8 주를 찬송함과 주께 영광 돌림이
종일토록 내 입에 가득하리이다
9 늙을 때에 나를 버리지 마시며 내
힘이 쇠약할 때에 나를 떠나지 마
소서
10 내 원수들이 내게 대하여 말하며
내 영혼을 엿보는 자들이 서로 꾀
하여
11 이르기를 하나님이 그를 버리셨
은즉 따라 잡으라 건질 자가 없다
하오니
12 하나님이여 나를 멀리 하지 마소
서 나의 하나님이여 속히 나를 도
우소서

6

7

8

9

10

11

12

13 내 영혼을 대적하는 자들이 수치
와 멸망을 당하게 하시며 나를 모
해하려 하는 자들에게는 욕과 수
욕이 덮이게 하소서
14 나는 항상 소망을 품고 주를 더
욱더욱 찬송하리이다
15 내가 측량할 수 없는 주의 공의
와 구원을 내 입으로 종일 전하리
이다
16 내가 주 여호와의 능하신 행적을
가지고 오겠사오며 주의 공의만
전하겠나이다
17 하나님이여 나를 어려서부터 교훈
하셨으므로 내가 지금까지 주의
기이한 일들을 전하였나이다
18 하나님이여 내가 늙어 백발이 될
때에도 나를 버리지 마시며 내가
주의 힘을 후대에 전하고 주의 능
력을 장래의 모든 사람에게 전하
기까지 나를 버리지 마소서

13

14

15

16

17

18

19 하나님이여 주의 의가 또한 지극
히 높으시니이다 하나님이여 주께
서 큰 일을 행하셨사오니 누가 주
와 같으리이까
20 우리에게 여러 가지 심한 고난을
보이신 주께서 우리를 다시 살리
시며 땅 깊은 곳에서 다시 이끌어
올리시리이다
21 나를 더욱 창대하게 하시고 돌이
키사 나를 위로하소서
22 나의 하나님이여 내가 또 비파로
주를 찬양하며 주의 성실을 찬양
하리이다 이스라엘의 거룩하신
주여 내가 수금으로 주를 찬양하
리이다
23 내가 주를 찬양할 때에 나의 입
술이 기뻐 외치며 주께서 속량하
신 내 영혼이 즐거워하리이다

19

20

21

22

23

24 나의 혀도 종일토록 주의 의를 작
은 소리로 읊조리오리니 나를 모
해하려 하던 자들이 수치와 무안
을 당함이니이다

24

시편으로 드리는 기도 우리 삶의 시작과 끝을 붙잡고 계신 하나님,
의인이 고난당하고 악인이 형통한 경우를 종종 봅니다.
하나님의 공의를 의심하지 않고 하나님의 구원을 기대하게 하소서.

말씀 적용하기

제72편

이스라엘의 왕에 관한 시로,
하나님이 바라시는 왕은 어떤 사람이며,
그의 통치 결과는 어떤지를 노래합니다.

솔로몬의 시

1 하나님이여 주의 판단력을 왕에
게 주시고 주의 공의를 왕의 아
들에게 주소서
2 그가 주의 백성을 공의로 재판하
며 주의 가난한 자를 정의로 재판
[1]하리니
3 의로 말미암아 산들이 백성에게
평강을 주며 작은 산들도 그리하
리로다
4 그가 가난한 백성의 억울함을 풀
어 주며 궁핍한 자의 자손을 구원
하며 압박하는 자를 꺾으리로다

솔로몬의 시

1

2

3

4

1 하게 하소서(이하 매절 끝이 같음)

5 그들이 해가 있을 동안에도 주를
두려워하며 달이 있을 동안에도
대대로 그리하리로다
6 그는 벤 풀 위에 내리는 비 같이,
땅을 적시는 소낙비 같이 내리
리니
7 그의 날에 의인이 흥왕하여 평강
의 풍성함이 달이 다할 때까지 이
르리로다
8 그가 바다에서부터 바다까지와
강에서부터 땅 끝까지 다스리
리니
9 광야에 사는 자는 그 앞에 굽히
며 그의 원수들은 티끌을 핥을 것
이며
10 다시스와 섬의 왕들이 조공을 바
치며 스바와 시바 왕들이 예물을
드리리로다
11 모든 왕이 그의 앞에 부복하며
모든 민족이 다 그를 섬기리로다

DATE . . .

12 그는 궁핍한 자가 부르짖을 때에
건지며 도움이 없는 가난한 자도
건지며
13 그는 가난한 자와 궁핍한 자를
불쌍히 여기며 궁핍한 자의 생명
을 구원하며
14 그들의 생명을 압박과 강포에서
구원하리니 그들의 피가 그의
눈 앞에서 존귀히 여김을 받으리
로다
15 [1]그들이 생존하여 스바의 금을
그에게 드리며 사람들이 그를 위
하여 항상 기도하고 종일 찬송하
리로다
16 산 꼭대기의 땅에도 곡식이 풍성
하고 그것의 열매가 레바논 같이
흔들리며 성에 있는 자가 땅의 풀
같이 왕성하리로다

12

13

14

15

16

1 저가 생존하니

17 그의 이름이 영구함이여 그의 이
름이 해와 같이 장구하리로다 사
람들이 그로 말미암아 복을 받으
리니 모든 민족이 다 그를 복되다
하리로다
18 홀로 기이한 일들을 행하시는 여
호와 하나님 곧 이스라엘의 하나
님을 찬송하며
19 그 영화로운 이름을 영원히 찬송
할지어다 온 땅에 그의 영광이 충
만할지어다 아멘 아멘
20 이새의 아들 다윗의 기도가 끝나
니라

17

18

19

20

시편으로 드리는 기도 하나님, 오늘도 저와 우리 가정에 복 주시기를 원합니다.
그러나 그 복이 우리만을 위한 복이 아니라, 하나님의 일을 위한 통로가 되게 하소서.

말씀 적용하기

DATE . . .

제삼권 제73편

시인은 의인의 빈곤과 악인의 번성을 보고
하나님의 정의에 회의를 느끼지만,
성전에서 해답을 찾고 이를 교훈합니다.

아삽의 시

1 하나님이 참으로 이스라엘 중
마음이 정결한 자에게 선을 행하
시나
2 나는 거의 넘어질 뻔하였고 나의
걸음이 미끄러질 뻔하였으니
3 이는 내가 악인의 [1]형통함을 보
고 오만한 자를 질투하였음이
로다
4 그들은 죽을 때에도 고통이 없고
그 힘이 강건하며
5 사람들이 당하는 고난이 그들에
게는 없고 사람들이 당하는 재앙
도 그들에게는 없나니

아삽의 시

1

2

3

4

5

1 평안함을

6 그러므로 교만이 그들의 목걸이
요 강포가 그들의 옷이며
7 살찜으로 그들의 눈이 솟아나며
그들의 소득은 마음의 소원보다
많으며
8 그들은 능욕하며 악하게 말하며
높은 데서 거만하게 말하며
9 그들의 입은 [1]하늘에 두고 그들
의 혀는 땅에 두루 다니도다
10 그러므로 그의 백성이 이리로 돌
아와서 잔에 가득한 물을 다 마
시며
11 말하기를 하나님이 어찌 알랴
지존자에게 지식이 있으랴 하는
도다
12 볼지어다 이들은 악인들이라도
항상 평안하고 재물은 더욱 불어
나도다

6
7
8
9
10
11
12

1 하늘을 대적하고

13 내가 내 마음을 깨끗하게 하며
내 손을 씻어 무죄하다 한 것이
실로 헛되도다
14 나는 종일 재난을 당하며 아침마
다 징벌을 받았도다
15 내가 만일 스스로 이르기를 내가
그들처럼 말하리라 하였더라면 나
는 주의 아들들의 세대에 대하여
악행을 행하였으리이다
16 내가 어쩌면 이를 알까 하여 생각
한즉 그것이 내게 심한 고통이 되
었더니
17 하나님의 성소에 들어갈 때에야 그
들의 종말을 내가 깨달았나이다
18 주께서 참으로 그들을 미끄러운
곳에 두시며 파멸에 던지시니
19 그들이 어찌하여 그리 갑자기 황
폐되었는가 놀랄 정도로 그들은
전멸하였나이다

13

14

15

16

17

18

19

20 주여 사람이 깬 후에는 꿈을 무
시함 같이 주께서 깨신 후에는 그
들의 형상을 멸시하시리이다
21 내 마음이 산란하며 내 양심이 찔
렸나이다
22 내가 이같이 우매 무지함으로 주
앞에 짐승이오나
23 내가 항상 주와 함께 하니 주께
서 내 오른손을 붙드셨나이다
24 주의 교훈으로 나를 인도하시고
후에는 영광으로 나를 영접하시
리니
25 하늘에서는 주 외에 누가 내게 있
으리요 땅에서는 주 밖에 내가 사
모할 이 없나이다
26 내 육체와 마음은 쇠약하나 하나
님은 내 마음의 반석이시요 영원
한 분깃이시라
27 무릇 주를 멀리하는 자는 망하리
니 음녀 같이 주를 떠난 자를 주
께서 다 멸하셨나이다

20

21

22

23

24

25

26

27

28 하나님께 가까이 함이 내게 복이
라 내가 주 여호와를 나의 피난처
로 삼아 주의 모든 행적을 전파하
리이다

28

시편으로 드리는 기도 하나님, 때로는 하나님의 섭리를 다 이해하지 못해 원망하고 불평하는 마음이 생기기도 합니다.
그럴 때 제 입술을 지켜 말로 하나님의 영광을 가리지 않게 하소서.

말씀 적용하기

제74편

적국에게 침략당해 예루살렘 성전이 훼손되는 비극을 목도한 시인이,
하나님께 민족의 구원을 호소합니다.

아삽의 [1]마스길

1 하나님이여 주께서 어찌하여 우리를 영원히 버리시나이까 어찌하여 주께서 기르시는 양을 향하여 진노의 연기를 뿜으시나이까

2 옛적부터 얻으시고 속량하사 주의 기업의 지파로 삼으신 주의 회중을 기억하시며 주께서 계시던 시온 산도 생각하소서

3 영구히 파멸된 곳을 향하여 주의 발을 옮겨 놓으소서 원수가 성소에서 모든 악을 행하였나이다

4 주의 대적이 주의 회중 가운데에서 떠들며 자기들의 깃발을 세워 표적으로 삼았으니

아삽의 마스길

1

2

3

4

---

1 교훈

5 그들은 마치 도끼를 들어 삼림을
베는 사람 같으니이다
6 이제 그들이 도끼와 철퇴로 성소
의 모든 조각품을 쳐서 부수고
7 주의 성소를 불사르며 주의 이름
이 계신 곳을 더럽혀 땅에 엎었나
이다
8 그들이 마음속으로 이르기를 우
리가 그들을 진멸하자 하고 이 땅
에 있는 하나님의 모든 회당을 불
살랐나이다
9 우리의 표적은 보이지 아니하며
선지자도 더 이상 없으며 이런 일
이 얼마나 오랠는지 우리 중에 아
는 자도 없나이다
10 하나님이여 대적이 언제까지 비방
하겠으며 원수가 주의 이름을 영
원히 능욕하리이까

11 주께서 어찌하여 주의 손 곧 주의
오른손을 거두시나이까 주의 품
에서 손을 빼내시어 그들을 멸하
소서

12 하나님은 예로부터 나의 왕이시
라 사람에게 구원을 베푸셨나
이다

13 주께서 주의 능력으로 바다를 나
누시고 물 가운데 용들의 머리를
깨뜨리셨으며

14 [1]리워야단의 머리를 부수시고 그
것을 사막에 사는 자에게 음식물
로 주셨으며

15 주께서 바위를 쪼개어 큰 물을
내시며 주께서 늘 흐르는 강들을
마르게 하셨나이다

16 낮도 주의 것이요 밤도 주의 것
이라 주께서 빛과 해를 마련하셨
으며

11

12

13

14

15

16

---

1 악어로 볼 수도 있음

17 주께서 땅의 경계를 정하시며
주께서 여름과 겨울을 만드셨나
이다
18 여호와여 이것을 기억하소서 원수
가 주를 비방하며 우매한 백성이
주의 이름을 능욕하였나이다
19 주의 멧비둘기의 생명을 들짐승
에게 주지 마시며 주의 가난한 자
의 목숨을 영원히 잊지 마소서
20 그 언약을 눈여겨 보소서 무릇 땅
의 어두운 곳에 포악한 자의 처소
가 가득하나이다
21 학대 받은 자가 부끄러이 돌아가
게 하지 마시고 가난한 자와 궁핍
한 자가 주의 이름을 찬송하게 하
소서
22 하나님이여 일어나 주의 원통함
을 푸시고 우매한 자가 종일 주
를 비방하는 것을 기억하소서

17

18

19

20

21

22

23 주의 대적들의 소리를 잊지 마소
서 일어나 주께 항거하는 자의 떠
드는 소리가 항상 주께 상달되나
이다

23

시편으로 드리는 기도 사랑의 하나님,
삶의 현장에서 하나님의 이름이 모욕당할 때 이로 인해 아프게 하소서.
주님의 이름이 온 땅 가운데 높아지기를 기도합니다.

말씀 적용하기

제75편

하나님의 공의로운 심판을 주제로 합니다.
이스라엘이 적국의 위협을 받고 있을 때 저작된 듯합니다.

아삽의 시, 인도자를 따라 알다스헷에 맞춘 노래

1 하나님이여 우리가 주께 감사하
고 감사함은 주의 이름이 [1]가까
움이라 사람들이 주의 기이한 일
들을 전파하나이다
2 주의 말씀이 내가 정한 기약이 이
르면 내가 바르게 심판하리니
3 땅의 기둥은 내가 세웠거니와 땅
과 그 모든 주민이 소멸되리라 하
시도다 (셀라)
4 내가 오만한 자들에게 오만하게
행하지 말라 하며 악인들에게 뿔
을 들지 말라 하였노니

아삽의 시, 인도자를 따라 알다스헷에 맞춘 노래

1

2

3

4

1 가까운 것을 주의 기사가 선포함이니이다

5 너희 뿔을 높이 들지 말며 교만한
목으로 말하지 말지어다
6 무릇 높이는 일이 동쪽에서나 서
쪽에서 말미암지 아니하며 남쪽
에서도 말미암지 아니하고
7 오직 재판장이신 하나님이 이를
낮추시고 저를 높이시느니라
8 여호와의 손에 잔이 있어 술 거품
이 일어나는도다 속에 섞은 것이
가득한 그 잔을 하나님이 쏟아
내시나니 실로 그 찌꺼기까지도
땅의 모든 악인이 기울여 마시리
로다
9 나는 야곱의 하나님을 영원히 선
포하며 찬양하며

5

6

7

8

9

10 또 악인들의 뿔을 다 베고 의인의
뿔은 높이 들리로다

10

시편으로 드리는 기도 사랑의 하나님, 하나님이 제 삶에 선한 재판장이심을 믿어, 부당한 일을 당해도 낙심치 않게 하소서.
하나님의 의로운 판단을 기대하며 인내하게 하소서.

말씀 적용하기

세움 시편을 쓰다 1

초판 1쇄 발행 2021년 9월 28일

펴낸이 곽성종
기획편집 방재경
디자인 투에스

펴낸곳 (주)아가페출판사
등록 제21-754호(1995. 4. 12)
주소 (06698) 서울시 서초구 효령로8길 5 (방배동)
전화 584-4835(본사) 522-5148(편집부)
팩스 586-3078(본사) 586-3088(편집부)
홈페이지 www.iagape.co.kr

ISBN 978-89-537-9649-2 (04230)
978-89-537-9642-3 (세트)

아가페 출판사

모든 쓰기성경은 쓰기 전용펜을 사용하세요!

1. 잉크의 뭉침(볼펜 똥)이나 이물질이 없어 깨끗하게 쓸 수 있습니다.
2. 필사한 후에도 책이 전혀 두꺼워지지 않습니다.

일반용

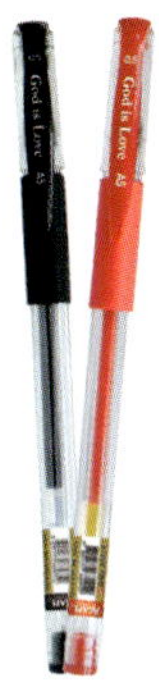

* 신약성경의 예수님 말씀은 빨간색 펜을 사용하세요.

일반 필사&쓰기성경 전용펜 A5(검정/빨강)

가격 : 800원 / 9,600원 (1다스 12개)

중용량

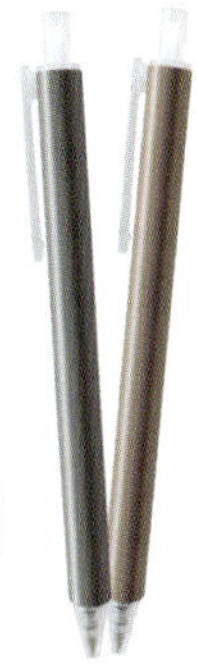

오피스펜 200 PLUS (검정)(그레이/골드)

가격 : 1,500원 / 15,000원 (1박스 10개)

중용량

필사&쓰기 전용펜 (고급)(블랙/투명)

가격 : 1,600원 / 19,200원 (1다스 12개)

아가페 수정 테이프 (본품+리필)(블루/핑크)

가격 : 3,000원

쓰기성경을 쓰다가 잘못 쓴 글씨는 수정 테이프를 사용하시면 좋습니다.

세움
시편을 쓴다 2

개역
개정

세움 시편을 쓴다 2

내 안에 주님을 세우는 시간

아가페

이렇게 사용하세요

제목에 쓰인 '세움'은 교회, 가정, 개인의 신앙을 바로세운다는 의미입니다.
기독교 신앙의 근본인 성경을 차분히 쓰면서 삶에 적용하면 뜻깊은 시간이 될 것입니다.

1 조용히 말씀에 집중할 수 있는 장소를 선택합니다.

2 먼저 눈으로 읽은 후, 소리 내어 한 번 더 읽습니다.

3 읽은 말씀을 기억하며 써 내려갑니다.

4 이해하기 어려운 단어나 문장은『아가페 쉬운성경』으로 한 번 더 읽으면 도움이 됩니다. 포스트잇이나 메모지에 그 뜻을 적어 붙여두면 더 애정이 가는 나만의 쓰기성경이 됩니다.

5 말씀을 쓰고 난 후 '시편으로 드리는 기도'로 마무리하세요.

6 본문 말씀을 개인에게 적용하면서 '말씀 적용하기'에 기록해 보세요. 미니 일기장이 됩니다.

시편을 쓰기 전 알아두기

누가 지었나? 다수의 시편이 저자 미상. 이름을 밝힌 시의 저자로 다윗, 아삽, 고라 자손, 모세, 솔로몬, 헤만, 에단 등이 있습니다.

언제 썼나? BC 1400년경~580년.

왜 썼나? 처음에는 개인의 찬양과 기도를 드리기 위함이었습니다. 그러나 후에 그 시를 한 권의 성경으로 묶어 신앙공동체의 예배나 개인의 신앙적인 목적으로 사용했고, 그때부터 시편의 목적은 신앙의 내용인 찬양과 기도에 대해 가르치는 것으로 바뀌었습니다.

무엇을 썼나? 핵심 내용은 인간의 모든 삶을 주관하시고 하늘과 땅의 주인이신 하나님을 온전히 신뢰하라는 것입니다. 이 같은 내용을 토대로 개인의 고난과 시련에 대해 하나님께 탄식하거나 감사 찬양하는 내용이 담겨 있습니다. 그 외에도 하나님의 지혜, 왕의 등극, 전쟁에 대한 내용이 들어 있습니다.

특징은?

시편은 이스라엘의 찬양과 기도 모음집입니다. 다른 구약성경은 하나님의 백성을 향한 하나님의 부르심과 구원 행동이 들어있는 반면, 시편은 그것에 대한 백성들의 응답인 찬양과 기도가 기록되어 있습니다. 찬양은 하나님에 대해 말하는 것이며, 기도는 하나님께 말하는 것입니다. 시편은 여러 사람이 각기 다른 상황과 장소에서 기록한 시 모음집이지만, 그 시들은 일정한 유형으로 분류됩니다. 크게 하나님의 구원과 도우심을 찬양하는 찬양시, 고난 중에 도움을 부르짖는 탄식시, 하나님께 감사하는 감사시, 왕들에 대한 제왕시이며, 그 외에도 신뢰시와 지혜시 등이 있습니다. 가장 많은 것이 탄식시입니다.

시편을 묵상할 때는 그 속에 담긴 메시지를 읽어내려고 노력해야 합니다. 그러면서 어떤 유형으로 기록되었고, 기본배경과 기본주제가 무엇인지 파악해야 합니다. 동시에 모두 시이므로 표현 자체의 아름다움을 느껴보아야 합니다.

제76편

국가적인 중대 위기를 하나님의 도우심으로 극복한 후,
백성들이 하나님의 위엄에 감사와 찬양을 돌리는 시입니다.

아삽의 시, 인도자를 따라

현악에 맞춘 노래

1 하나님은 유다에 알려지셨으며 그
의 이름이 이스라엘에 크시도다

2 그의 장막은 살렘에 있음이여 그
의 처소는 시온에 있도다

3 거기에서 그가 화살과 방패와 칼
과 전쟁을 없이하셨도다 (셀라)

4 주는 약탈한 산에서 영화로우시
며 존귀하시도다

5 마음이 강한 자도 가진 것을 빼앗
기고 잠에 빠질 것이며 장사들도
모두 그들에게 도움을 줄 손을
만날 수 없도다

아삽의 시, 인도자를 따라

현악에 맞춘 노래

1

2

3

4

5

6 야곱의 하나님이여 주께서 꾸짖
으시매 병거와 말이 다 깊이 잠들
었나이다
7 주께서는 경외 받을 이시니 주께
서 한 번 노하실 때에 누가 주의
목전에 서리이까
8 주께서 하늘에서 판결을 선포하
시매 땅이 두려워 잠잠하였나니
9 곧 하나님이 땅의 모든 온유한
자를 구원하시려고 심판하러 일어
나신 때에로다 (셀라)
10 진실로 사람의 노여움은 주를 찬
송하게 될 것이요 그 남은 노여움
은 주께서 금하시리이다
11 너희는 여호와 너희 하나님께 서
원하고 갚으라 사방에 있는 모든
사람도 마땅히 경외할 이에게 예
물을 드릴지로다

6

7

8

9

10

11

12 그가 고관들의 기를 꺾으시리니
그는 세상의 왕들에게 두려움이
시로다

12

시편으로 드리는 기도 하나님, 이 땅에 살면서 언제나 하나님을 기억하게 하소서.
하나님이 지금도 재판정에 앉아 이 땅을 심판하심을 믿으며
주님의 뜻에 따라 살게 하소서.

말씀 적용하기

제77편

이 시는 위기에 처한 현실을 탄식하며 시작하지만,
하나님의 권능을 깨닫고 하나님에 대한 확신으로 끝을 맺습니다.

아삽의 시, 인도자를 따라

여두둔의 법칙에 따라 부르는 노래

1 내가 내 음성으로 하나님께 부르짖으리니 내 음성으로 하나님께 부르짖으면 내게 귀를 기울이시리로다

2 나의 환난 날에 내가 주를 찾았으며 밤에는 내 손을 들고 거두지 아니하였나니 내 영혼이 위로 받기를 거절하였도다

3 내가 하나님을 기억하고 불안하여 근심하니 내 심령이 상하도다 (셀라)

4 주께서 내가 눈을 붙이지 못하게 하시니 내가 괴로워 말할 수 없나이다

아삽의 시, 인도자를 따라

여두둔의 법칙에 따라 부르는 노래

1

2

3

4

5 내가 옛날 곧 지나간 세월을 생각
하였사오며
6 밤에 부른 노래를 내가 기억하여
내 심령으로, 내가 내 마음으로
간구하기를
7 주께서 영원히 버리실까, 다시는
은혜를 베풀지 아니하실까,
8 그의 인자하심은 영원히 끝났는
가, 그의 약속하심도 영구히 폐하
였는가,
9 하나님이 그가 베푸실 은혜를 잊
으셨는가, 노하심으로 그가 베푸
실 긍휼을 그치셨는가 하였나이
다 (셀라)
10 또 내가 말하기를 이는 나의 잘못
이라 지존자의 오른손의 해
11 곧 여호와의 일들을 기억하며 주
께서 옛적에 행하신 기이한 일을
기억하리이다

5

6

7

8

9

10

11

12 또 주의 모든 일을 작은 소리로
읊조리며 주의 행사를 낮은 소리
로 되뇌이리이다
13 하나님이여 주의 도는 극히 거룩
하시오니 하나님과 같이 위대하
신 신이 누구오니이까
14 주는 기이한 일을 행하신 하나님
이시라 민족들 중에 주의 능력을
알리시고
15 주의 팔로 주의 백성 곧 야곱과
요셉의 자손을 속량하셨나이다
(셀라)
16 하나님이여 물들이 주를 보았나
이다 물들이 주를 보고 [1]두려워
하며 깊음도 진동하였고
17 구름이 물을 쏟고 궁창이 소리를
내며 주의 화살도 날아갔나이다
18 회오리바람 중에 주의 우렛소리
가 있으며 번개가 세계를 비추며
땅이 흔들리고 움직였나이다

12

13

14

15

16

17

18

1 괴로워하며

19 주의 길이 바다에 있었고 주의 곧
은 길이 큰 물에 있었으나 주의
발자취를 알 수 없었나이다
20 주의 백성을 양 떼 같이 모세와
아론의 손으로 인도하셨나이다

시편으로 드리는 기도 하나님, 때로는 하나님이 제 기도를 듣지 않으시고 심지어 제 상황을 모르신다고 느껴질 때도 있습니다. 그런 때에도 믿음을 포기하지 않게 저를 붙잡아주소서.

말씀 적용하기

DATE . . .

제78편

이스라엘의 지난 역사를 회고하며,
과거의 범죄에서 떠나
하나님과의 언약에 충실할 것을 권고하는 교훈시입니다.

아삽의 [1]마스길

1 내 백성이여, 내 율법을 들으며
내 입의 말에 귀를 기울일지어다
2 내가 입을 열어 비유로 말하며 예
로부터 감추어졌던 것을 드러내려
하니
3 이는 우리가 들어서 아는 바요
우리의 조상들이 우리에게 전한
바라
4 우리가 이를 그들의 자손에게 숨
기지 아니하고 여호와의 영예와
그의 능력과 그가 행하신 기이한
사적을 후대에 전하리로다

아삽의 마스길

1

2

3

4

1 교훈

5 여호와께서 증거를 야곱에게 세
우시며 법도를 이스라엘에게 정
하시고 우리 조상들에게 명령하
사 그들의 자손에게 알리라 하셨
으니
6 이는 그들로 후대 곧 태어날 자손
에게 이를 알게 하고 그들은 일어
나 그들의 자손에게 일러서
7 그들로 그들의 소망을 하나님께
두며 하나님께서 행하신 일을 잊
지 아니하고 오직 그의 계명을 지
켜서
8 그들의 조상들 곧 완고하고 패역
하여 그들의 마음이 정직하지 못
하며 그 심령이 하나님께 충성하
지 아니하는 세대와 같이 되지 아
니하게 하려 하심이로다
9 에브라임 자손은 무기를 갖추며
활을 가졌으나 전쟁의 날에 물러
갔도다

5

6

7

8

9

10 그들이 하나님의 언약을 지키지
아니하고 그의 율법 준행을 거절
하며
11 여호와께서 행하신 것과 그들에
게 보이신 그의 기이한 일을 잊었
도다
12 옛적에 하나님이 애굽 땅 소안 들
에서 기이한 일을 그들의 조상들
의 목전에서 행하셨으되
13 그가 바다를 갈라 물을 무더기 같
이 서게 하시고 그들을 지나가게
하셨으며
14 낮에는 구름으로, 밤에는 불빛으
로 인도하셨으며
15 광야에서 반석을 쪼개시고 매우
깊은 곳에서 나오는 물처럼 흡족
하게 마시게 하셨으며
16 또 바위에서 시내를 내사 물이 강
같이 흐르게 하셨으나

10

11

12

13

14

15

16

17 그들은 계속해서 하나님께 범죄
하여 메마른 땅에서 지존자를 배
반하였도다
18 그들이 그들의 탐욕대로 음식을
구하여 그들의 심중에 하나님을
시험하였으며
19 그뿐 아니라 하나님을 대적하여
말하기를 하나님이 광야에서 식
탁을 베푸실 수 있으랴
20 보라 그가 반석을 쳐서 물을 내시
니 시내가 넘쳤으나 그가 능히 떡
도 주시며 자기 백성을 위하여 고
기도 예비하시랴 하였도다
21 그러므로 여호와께서 듣고 노하
셨으며 야곱에게 불 같이 노하셨
고 또한 이스라엘에게 진노가 불
타 올랐으니
22 이는 하나님을 믿지 아니하며 그
의 구원을 의지하지 아니한 때문
이로다

17

18

19

20

21

22

23 그러나 그가 위의 궁창을 명령하
시며 하늘 문을 여시고
24 그들에게 만나를 비 같이 내려 먹
이시며 하늘 양식을 그들에게 주
셨나니
25 사람이 힘센 자의 떡을 먹었으며
그가 음식을 그들에게 충족히 주
셨도다
26 그가 동풍을 하늘에서 일게 하시
며 그의 권능으로 남풍을 인도하
시고
27 먼지처럼 많은 고기를 비 같이 내
리시고 나는 새를 바다의 모래 같
이 내리셨도다
28 그가 그것들을 그들의 진중에 떨
어지게 하사 그들의 거처에 두르
셨으므로
29 그들이 먹고 심히 배불렀나니 하
나님이 그들의 원대로 그들에게
주셨도다

23

24

25

26

27

28

29

30 그러나 그들이 그들의 욕심을 버
리지 아니하여 그들의 먹을 것이
아직 그들의 입에 있을 때에
31 하나님이 그들에게 노염을 나타
내사 그들 중 강한 자를 죽이시며
이스라엘의 청년을 쳐 엎드러뜨리
셨도다
32 이러함에도 그들은 여전히 범죄하
여 그의 기이한 일들을 믿지 아니
하였으므로
33 하나님이 그들의 날들을 헛되이
보내게 하시며 그들의 햇수를 두
려움으로 보내게 하셨도다
34 하나님이 그들을 죽이실 때에 그
들이 그에게 구하며 돌이켜 하나
님을 간절히 찾았고
35 하나님이 그들의 반석이시며 지존
하신 하나님이 그들의 구속자이
심을 기억하였도다

30

31

32

33

34

35

36 그러나 그들이 입으로 그에게 아
첨하며 자기 혀로 그에게 거짓을
말하였으니
37 이는 하나님께 향하는 그들의 마
음이 정함이 없으며 그의 언약에
성실하지 아니하였음이로다
38 오직 하나님은 긍휼하시므로 죄
악을 덮어 주시어 멸망시키지 아
니하시고 그의 진노를 여러 번 돌
이키시며 그의 모든 분을 다 쏟아
내지 아니하셨으니
39 그들은 육체이며 가고 다시 돌아
오지 못하는 바람임을 기억하셨
음이라
40 그들이 광야에서 그에게 반항하
며 사막에서 그를 슬프시게 함이
몇 번인가
41 그들이 돌이켜 하나님을 거듭거
듭 시험하며 이스라엘의 거룩하신
이를 노엽게 하였도다

36

37

38

39

40

41

42 그들이 그의 권능의 손을 기억하
지 아니하며 대적에게서 그들을
구원하신 날도 기억하지 아니하였
도다
43 그 때에 하나님이 애굽에서 그의
표적들을, 소안 들에서 그의 징조
들을 나타내사
44 그들의 강과 시내를 피로 변하여
그들로 마실 수 없게 하시며
45 쇠파리 떼를 그들에게 보내어 그
들을 물게 하시고 개구리를 보내
어 해하게 하셨으며
46 그들의 토산물을 황충에게 주셨
고 그들이 수고한 것을 메뚜기에
게 주셨으며
47 그들의 포도나무를 우박으로,
그들의 뽕나무를 [1]서리로 죽이셨
으며
48 그들의 가축을 우박에, 그들의
양 떼를 번갯불에 넘기셨으며

42

43

44

45

46

47

48

1 큰 우박으로

49 그의 맹렬한 노여움과 진노와 분
노와 고난 곧 재앙의 천사들을
그들에게 내려보내셨으며
50 그는 진노로 길을 닦으사 그들의
목숨이 죽음을 면하지 못하게 하
시고 그들의 생명을 전염병에 붙
이셨으며
51 애굽에서 모든 장자 곧 함의 장막
에 있는 그들의 기력의 처음 것을
치셨으나
52 그가 자기 백성은 양 같이 인도하
여 내시고 광야에서 양 떼 같이
지도하셨도다
53 그들을 안전히 인도하시니 그들
은 두려움이 없었으나 그들의 원
수는 바다에 빠졌도다
54 그들을 그의 성소의 영역 곧 그의
오른손으로 만드신 산으로 인도
하시고

49

50

51

52

53

54

55 또 나라를 그들의 앞에서 쫓아내
시며 줄을 쳐서 그들의 소유를 분
배하시고 이스라엘의 지파들이
그들의 장막에 살게 하셨도다
56 그러나 그들은 지존하신 하나님
을 시험하고 반항하여 그의 명령
을 지키지 아니하며
57 그들의 조상들 같이 배반하고 거
짓을 행하여 속이는 활 같이 빗나
가서
58 자기 산당들로 그의 노여움을 일
으키며 그들의 조각한 우상들로
그를 진노하게 하였으매
59 하나님이 들으시고 분내어 이스
라엘을 크게 미워하사
60 사람 가운데 세우신 장막 곧 실로
의 성막을 떠나시고
61 그가 그의 능력을 포로에게 넘겨
주시며 그의 영광을 대적의 손에
붙이시고

55

56

57

58

59

60

61

62 그가 그의 소유 때문에 분내사
그의 백성을 칼에 넘기셨으니
63 그들의 청년은 불에 살라지고 그
들의 처녀들은 혼인 노래를 들을
수 없었으며
64 그들의 제사장들은 칼에 엎드러
지고 그들의 과부들은 애곡도 하
지 못하였도다
65 그 때에 주께서 잠에서 깨어난 것
처럼, 포도주를 마시고 고함치는
용사처럼 일어나사
66 그의 대적들을 쳐 물리쳐서 영원
히 그들에게 욕되게 하셨도다
67 또 요셉의 장막을 버리시며 에브
라임 지파를 택하지 아니하시고
68 오직 유다 지파와 그가 사랑하시
는 시온 산을 택하시며
69 그의 성소를 산의 높음 같이, 영
원히 두신 땅 같이 지으셨도다
70 또 그의 종 다윗을 택하시되 양의
우리에서 취하시며

62

63

64

65

66

67

68

69

70

71 젖 양을 지키는 중에서 그를 이끌
어 내사 그의 백성인 야곱, 그의
소유인 이스라엘을 기르게 하셨
더니
72 이에 그가 그들을 자기 마음의 완
전함으로 기르고 그의 손의 능숙
함으로 그들을 지도하였도다

71

72

시편으로 드리는 기도 하나님, 지금까지 살아오면서 제 삶을 구체적으로 인도하신 순간들을 잊지 않게 하소서. 또 앞으로 베풀어주실 은혜를 기대하며 사모합니다.

말씀 적용하기

제79편

범죄한 이스라엘이 적국의 침략으로 멸망한 상황에서,
회개하며 하나님의 용서와 구원을 호소한 시입니다.

아삽의 시

1 하나님이여 이방 나라들이 주의
기업의 땅에 들어와서 주의 성전
을 더럽히고 예루살렘이 돌무더
기가 되게 하였나이다
2 그들이 주의 종들의 시체를 공중
의 새에게 밥으로, 주의 성도들
의 육체를 땅의 짐승에게 주며
3 그들의 피를 예루살렘 사방에 물
같이 흘렸으나 그들을 매장하는
자가 없었나이다
4 우리는 우리 이웃에게 비방거리가
되며 우리를 에워싼 자에게 조소
와 조롱거리가 되었나이다

아삽의 시

1

2

3

4

5 여호와여 어느 때까지니이까 영
원히 노하시리이까 주의 질투가
불붙듯 하시리이까
6 주를 알지 아니하는 민족들과 주
의 이름을 부르지 아니하는 나라
들에게 주의 노를 쏟으소서
7 그들이 야곱을 삼키고 그의 거처
를 황폐하게 함이니이다
8 우리 [1] 조상들의 죄악을 기억하지
마시고 주의 긍휼로 우리를 속히
영접하소서 우리가 매우 가련하
게 되었나이다
9 우리 구원의 하나님이여 주의 이
름의 영광스러운 행사를 위하여
우리를 도우시며 주의 이름을 증
거하기 위하여 우리를 건지시며
우리 죄를 사하소서

5

6

7

8

9

1 히, 시조들

10 이방 나라들이 어찌하여 그들의
하나님이 어디 있느냐 말하나이
까 주의 종들이 피 흘림에 대한
복수를 우리의 목전에서 이방 나
라에게 보여 주소서
11 갇힌 자의 탄식을 주의 앞에 이르
게 하시며 죽이기로 정해진 자도 주
의 크신 능력을 따라 보존하소서
12 주여 우리 이웃이 주를 비방한 그
비방을 그들의 품에 칠 배나 갚으
소서
13 우리는 주의 백성이요 주의 목장
의 양이니 우리는 영원히 주께 감
사하며 주의 영예를 대대에 전하
리이다

시편으로 드리는 기도 하나님, 세상을 살아가는 동안 죄에 빠져 하나님에게서 멀어지지 않게 하소서. 주님이 내 하나님임을 항상 기억하게 하소서.

말씀 적용하기

제80편

북왕국 이스라엘이 하나님의 선민임에도
흩어짐을 당한 데 대한 탄식과,
주님의 도우심을 간구하는 공동체의 애절한 탄식시입니다.

아삽의 시, 인도자를 따라 소산님에듯에 맞춘 노래

1 요셉을 양 떼 같이 인도하시는 이스라엘의 목자여 귀를 기울이소서 그룹 사이에 좌정하신 이여 빛을 비추소서

2 에브라임과 베냐민과 므낫세 앞에서 주의 능력을 나타내사 우리를 구원하러 오소서

3 하나님이여 우리를 돌이키시고 주의 얼굴빛을 비추사 우리가 구원을 얻게 하소서

4 만군의 하나님 여호와여 주의 백성의 기도에 대하여 어느 때까지 노하시리이까

아삽의 시, 인도자를 따라 소산님에듯에 맞춘 노래

1

2

3

4

5 주께서 그들에게 눈물의 양식을
먹이시며 많은 눈물을 마시게 하
셨나이다
6 우리를 우리 이웃에게 다툼거리
가 되게 하시니 우리 원수들이 서
로 비웃나이다
7 만군의 하나님이여 우리를 회복
하여 주시고 주의 얼굴의 광채
를 비추사 우리가 구원을 얻게 하
소서
8 주께서 한 포도나무를 애굽에서
가져다가 민족들을 쫓아내시고
그것을 심으셨나이다
9 주께서 그 앞서 가꾸셨으므로 그
뿌리가 깊이 박혀서 땅에 가득
하며
10 그 그늘이 산들을 가리고 그 가지
는 [1]하나님의 백향목 같으며

5

6

7

8

9

10

1 아름다운 백향목

11 그 가지가 바다까지 뻗고 넝쿨이 [1]강까지 미쳤거늘

12 주께서 어찌하여 그 담을 허시사 길을 지나가는 모든 이들이 그것을 따게 하셨나이까

13 숲 속의 멧돼지들이 상해하며 들짐승들이 먹나이다

14 만군의 하나님이여 구하옵나니 돌아오소서 하늘에서 굽어보시고 이 포도나무를 돌보소서

15 주의 오른손으로 심으신 줄기요 주를 위하여 힘있게 하신 가지니이다

16 그것이 불타고 베임을 당하며 주의 면책으로 말미암아 멸망하오니

17 주의 오른쪽에 있는 자 곧 주를 위하여 힘있게 하신 인자에게 주의 손을 얹으소서

11

12

13

14

15

16

17

1 유브라데 강

18 그리하시면 우리가 주에게서 물러
가지 아니하오리니 우리를 소생
하게 하소서 우리가 주의 이름을
부르리이다
19 만군의 하나님 여호와여 우리를
돌이켜 주시고 주의 얼굴의 광채
를 우리에게 비추소서 우리가 구
원을 얻으리이다

18

19

시편으로 드리는 기도 하나님, 제 삶이 열매 없는 나무처럼
하나님께 슬픔의 대상이 되지 않게 하소서.
언제나 풍성한 열매를 맺어 하나님의 기쁨이 되게 하소서.

말씀 적용하기

제81편

이스라엘 백성의 3대 절기,
그 가운데서도 장막절에 한 주 동안 부르던 찬송시입니다.

아삽의 시, 인도자를 따라
깃딧에 맞춘 노래

1 우리의 능력이 되시는 하나님을 향하여 기쁘게 노래하며 야곱의 하나님을 향하여 즐거이 소리칠지어다
2 시를 읊으며 소고를 치고 아름다운 수금에 비파를 아우를지어다
3 초하루와 보름과 우리의 명절에 나팔을 불지어다
4 이는 이스라엘의 율례요 야곱의 하나님의 규례로다
5 하나님이 애굽 땅을 치러 나아가시던 때에 요셉의 족속 중에 이를 증거로 세우셨도다 거기서 내가 알지 못하던 말씀을 들었나니

아삽의 시, 인도자를 따라
깃딧에 맞춘 노래

1

2

3

4

5

6 이르시되 내가 그의 어깨에서 짐
을 벗기고 그의 손에서 광주리를
놓게 하였도다
7 네가 고난 중에 부르짖으매 내
가 너를 건졌고 우렛소리의 은밀
한 곳에서 네게 응답하며 므리
바 물 가에서 너를 시험하였도다
(셀라)
8 내 백성이여 들으라 내가 네게 증
언하리라 이스라엘이여 내게 듣기
를 원하노라
9 너희 중에 다른 신을 두지 말며 이
방 신에게 절하지 말지어다
10 나는 너를 애굽 땅에서 인도하여
낸 여호와 네 하나님이니 네 입
을 크게 열라 내가 채우리라 하
였으나
11 내 백성이 내 소리를 듣지 아니하
며 이스라엘이 나를 원하지 아니
하였도다

6

7

8

9

10

11

12 그러므로 내가 그의 마음을 완악 12
한 대로 버려 두어 그의 임의대로
행하게 하였도다
13 내 백성아 내 말을 들으라 이스라 13
엘아 내 도를 따르라
14 그리하면 내가 속히 그들의 원수 14
를 누르고 내 손을 돌려 그들의
대적들을 치리니
15 여호와를 미워하는 자는 그에게 15
복종하는 체할지라도 그들의 시
대는 영원히 계속되리라
16 또 내가 기름진 밀을 그들에게 먹 16
이며 반석에서 나오는 꿀로 너를
만족하게 하리라 하셨도다

시편으로 드리는 기도 하나님, 분주한 하루를 산다는 핑계로
하나님을 잊고 산 때가 많음을 고백합니다.
날마다 하나님이 행하신 일들을 기억하고 찬양하는 그리스도인이 되게 하소서.

말씀 적용하기

DATE . . .

제82편

본 시는 하나님이 공의의 실행자로서
책임 맡은 자의 임무 수행을 심판하신다는
일종의 예언적인 교훈시입니다.

아삽의 시

1 하나님은 신들의 모임 가운데에
서시며 하나님은 그들 가운데에
서 재판하시느니라
2 너희가 불공평한 판단을 하며 악
인의 낯 보기를 언제까지 하려느
냐 (셀라)
3 가난한 자와 고아를 위하여 판단
하며 곤란한 자와 빈궁한 자에게
공의를 베풀지며
4 가난한 자와 궁핍한 자를 구원하
여 악인들의 손에서 건질지니라
하시는도다
5 그들은 알지도 못하고 깨닫지도
못하여 흑암 중에 왕래하니 땅의
모든 터가 흔들리도다

아삽의 시

1

2

3

4

5

6 내가 말하기를 너희는 신들이
며 다 지존자의 아들들이라 하였
으나
7 그러나 너희는 사람처럼 죽으며
고관의 하나 같이 넘어지리로다
8 하나님이여 일어나사 세상을 심판
하소서 모든 나라가 주의 소유이
기 때문이니이다

6

7

8

시편으로 드리는 기도 하나님, 제게 주신 재능과 재물로 제가 원하는 삶을 살며 만족하는 것이 아니라, 하나님의 뜻과 공의를 이루어가는 삶을 살게 하소서.

말씀 적용하기

제83편

이 시는 국가적 위기 앞에서,
이스라엘이 하나님의 택하신 백성임을 들어
하나님께 구원을 호소한 탄식시입니다.

아삽의 시 곧 노래

1 하나님이여 침묵하지 마소서 하나
님이여 잠잠하지 마시고 조용하지
마소서
2 무릇 주의 원수들이 떠들며 주를
미워하는 자들이 머리를 들었나
이다
3 그들이 주의 백성을 치려 하여 간
계를 꾀하며 주께서 숨기신 자를
치려고 서로 의논하여
4 말하기를 가서 그들을 멸하여 다
시 나라가 되지 못하게 하여 이스
라엘의 이름으로 다시는 기억되
지 못하게 하자 하나이다
5 그들이 한마음으로 의논하고 주
를 대적하여 서로 동맹하니

아삽의 시 곧 노래

1

2

3

4

5

6 곧 에돔의 장막과 이스마엘인과
모압과 하갈인이며
7 그발과 암몬과 아말렉이며 블레
셋과 두로 사람이요
8 앗수르도 그들과 연합하여 롯 자
손의 도움이 되었나이다 (셀라)
9 주는 미디안인에게 행하신 것 같
이, 기손 시내에서 시스라와 야빈
에게 행하신 것 같이 그들에게도
행하소서
10 그들은 엔돌에서 패망하여 땅에
거름이 되었나이다
11 그들의 귀인들이 오렙과 스엡 같
게 하시며 그들의 모든 고관들은
세바와 살문나와 같게 하소서
12 그들이 말하기를 우리가 하나님
의 목장을 우리의 소유로 취하자
하였나이다
13 나의 하나님이여 그들이 굴러가
는 검불 같게 하시며 바람에 날리
는 지푸라기 같게 하소서

14 삼림을 사르는 불과 산에 붙는 불길 같이

15 주의 광풍으로 그들을 쫓으시며 주의 폭풍으로 그들을 두렵게 하소서

16 여호와여 그들의 얼굴에 수치가 가득하게 하사 그들이 주의 이름을 찾게 하소서

17 그들로 수치를 당하여 영원히 놀라게 하시며 낭패와 멸망을 당하게 하사

18 여호와라 이름하신 주만 온 세계의 지존자로 알게 하소서

14

15

16

17

18

시편으로 드리는 기도 하나님, 아무리 어렵고 힘든 상황에 놓일지라도 하나님께 속한 사람임을 잊지 않게 하소서.
하나님이 반드시 책임져주심을 믿고 주만 바라보게 하소서.

말씀 적용하기

제84편

예루살렘을 향해 순례길에 오른 시인이
성전을 사모하는 마음으로 드리는 기도이자 성전 예찬가입니다.
시온의 노래 가운데 하나입니다.

고라 자손의 시, 인도자를 따라 깃딧에 맞춘 노래

1 만군의 여호와여 주의 장막이 어찌 그리 사랑스러운지요

2 내 영혼이 여호와의 궁정을 사모하여 쇠약함이여 내 마음과 육체가 살아 계시는 하나님께 부르짖나이다

3 나의 왕, 나의 하나님, 만군의 여호와여 주의 제단에서 참새도 제 집을 얻고 제비도 새끼 둘 보금자리를 얻었나이다

4 주의 집에 사는 자들은 복이 있나니 그들이 항상 주를 찬송하리이다 (셀라)

고라 자손의 시, 인도자를 따라 깃딧에 맞춘 노래

1

2

3

4

5 주께 힘을 얻고 그 마음에 시온의
대로가 있는 자는 복이 있나이다
6 그들이 [1]눈물 골짜기로 지나갈
때에 그 곳에 많은 샘이 있을 것
이며 이른 비가 복을 채워 주나
이다
7 그들은 힘을 얻고 더 얻어 나아가
시온에서 하나님 앞에 각기 나타
나리이다
8 만군의 하나님 여호와여 내 기도
를 들으소서 야곱의 하나님이여
귀를 기울이소서 (셀라)
9 우리 방패이신 하나님이여 주께서
기름 부으신 자의 얼굴을 살펴 보
옵소서
10 주의 궁정에서의 한 날이 다른
곳에서의 천 날보다 나은즉 악인
의 장막에 사는 것보다 내 하나
님의 성전 문지기로 있는 것이 좋
사오니

1 바카 골짜기로

11 여호와 하나님은 해요 방패이시
라 여호와께서 은혜와 영화를 주
시며 정직하게 행하는 자에게 좋
은 것을 아끼지 아니하실 것임이
니이다
12 만군의 여호와여 주께 의지하는
자는 복이 있나이다

11

12

시편으로 드리는 기도 하나님, 제 마음에 찬양과 예배에 대한 갈망을 주소서. 예배드리는 가운데 하나님이 주시는 큰 기쁨과 평안을 누리게 하소서.

말씀 적용하기

DATE . . .

제85편

바벨론에 끌려간 유다 포로의 제1차 귀환 때 쓰인 시로,
민족의 회복과 완성될 평화의 시대를 간구합니다.

고라 자손의 시, 인도자를 따라 부르는 노래

1 여호와여 주께서 주의 땅에 은혜를 베푸사 야곱의 포로 된 자들이 돌아오게 하셨으며

2 주의 백성의 죄악을 사하시고 그들의 모든 죄를 덮으셨나이다 (셀라)

3 주의 모든 분노를 거두시며 주의 진노를 돌이키셨나이다

4 우리 구원의 하나님이여 우리를 돌이키시고 우리에게 향하신 주의 분노를 거두소서

5 주께서 우리에게 영원히 노하시며 대대에 진노하시겠나이까

고라 자손의 시, 인도자를 따라 부르는 노래

1

2

3

4

5

6 주께서 우리를 다시 살리사 주의
백성이 주를 기뻐하도록 하지 아
니하시겠나이까
7 여호와여 주의 인자하심을 우리
에게 보이시며 주의 구원을 우리
에게 주소서
8 내가 하나님 여호와께서 하실 말
씀을 들으리니 무릇 그의 백성,
그의 성도들에게 화평을 말씀하
실 것이라 그들은 다시 어리석은
데로 돌아가지 말지로다
9 진실로 그의 구원이 그를 경외하
는 자에게 가까우니 영광이 우리
땅에 머무르리이다
10 인애와 진리가 같이 만나고 의와
화평이 서로 입맞추었으며
11 진리는 땅에서 솟아나고 의는 하
늘에서 굽어보도다
12 여호와께서 좋은 것을 주시리니
우리 땅이 그 산물을 내리로다

6

7

8

9

10

11

12

DATE . . .

13 의가 주의 앞에 앞서 가며 주의
길을 닦으리로다

13

시편으로 드리는 기도 하나님, 저를 끝까지 포기하지 않고 사랑해 주셔서 감사합니다.
지치고 힘들 때마다 그 사랑 안에서 다시 회복되는 은혜를 주소서.

말씀 적용하기

제86편

교만하고 포악한 대적들의 공격에 직면한 다윗이,
하나님의 도우심과 구원을 간구하는 탄식시입니다.

다윗의 기도

1 여호와여 나는 가난하고 궁핍하
오니 주의 귀를 기울여 내게 응답
하소서
2 나는 [1]경건하오니 내 영혼을 보
존하소서 내 주 하나님이여 주를
의지하는 종을 구원하소서
3 주여 내게 은혜를 베푸소서 내가
종일 주께 부르짖나이다
4 주여 내 영혼이 주를 우러러보오
니 주여 내 영혼을 기쁘게 하소서
5 주는 선하사 사죄하기를 즐거워
하시며 주께 부르짖는 자에게 인
자함이 후하심이니이다

다윗의 기도

1

2

3

4

5

---

1 주께서 은혜를 주신 자니

6 여호와여 나의 기도에 귀를 기울
이시고 내가 간구하는 소리를 들
으소서
7 나의 환난 날에 내가 주께 부르
짖으리니 주께서 내게 응답하시
리이다
8 주여 신들 중에 주와 같은 자 없
사오며 주의 행하심과 같은 일도
없나이다
9 주여 주께서 지으신 모든 민족이
와서 주의 앞에 경배하며 주의 이
름에 영광을 돌리리이다
10 무릇 주는 위대하사 기이한 일들
을 행하시오니 주만이 하나님이시
니이다
11 여호와여 주의 도를 내게 가르치
소서 내가 주의 진리에 행하오리
니 일심으로 주의 이름을 경외하
게 하소서

6

7

8

9

10

11

12 주 나의 하나님이여 내가 전심으
로 주를 찬송하고 영원토록 주의
이름에 영광을 돌리오리니
13 이는 내게 향하신 주의 인자하심
이 크사 내 영혼을 깊은 스올에서
건지셨음이니이다
14 하나님이여 교만한 자들이 일어나
나를 치고 포악한 자의 무리가 내
영혼을 찾았사오며 자기 앞에 주
를 두지 아니하였나이다
15 그러나 주여 주는 긍휼히 여기시
며 은혜를 베푸시며 노하기를 더
디하시며 인자와 진실이 풍성하신
하나님이시오니
16 내게로 돌이키사 내게 은혜를 베
푸소서 주의 종에게 힘을 주시고
주의 여종의 아들을 구원하소서

17 은총의 표적을 내게 보이소서 그
러면 나를 미워하는 그들이 보고
부끄러워하오리니 여호와여 주
는 나를 돕고 위로하시는 이시니
이다

17

시편으로 드리는 기도 하나님, 경건한 삶을 살게 하시고
그 가운데 주님의 도우심을 확신하게 하소서.
매일의 제 삶을 붙잡아주시기 원합니다.

말씀 적용하기

제87편

하나님의 거룩한 도성인 예루살렘을 찬양한 시온 찬미시로,
세계적인 종교 중심지로서 시온을 예찬합니다.

고라 자손의 시 곧 노래

1 그의 터전이 성산에 있음이여

2 여호와께서 야곱의 모든 거처보다 시온의 문들을 사랑하시는도다

3 하나님의 성이여 너를 가리켜 영광스럽다 말하는도다 (셀라)

4 나는 [1]라합과 바벨론이 나를 아는 자 중에 있다 말하리라 보라 블레셋과 두로와 구스여 이것들도 [2]거기서 났다 하리로다

5 시온에 대하여 말하기를 이 사람, 저 사람이 거기서 났다고 말하리니 지존자가 친히 시온을 세우리라 하는도다

1 애굽

2 시온에서

고라 자손의 시 곧 노래

1

2

3

4

5

6 여호와께서 민족들을 등록하실
때에는 그 수를 세시며 이 사람이
거기서 났다 하시리로다 (셀라)
7 노래하는 자와 뛰어 노는 자들이
말하기를 나의 모든 근원이 네게
있다 하리로다

6

7

시편으로 드리는 기도 하나님, 제 구원이 하나님의 전적인 은혜임을 날마다 깨닫게 하소서. 그 구원의 감격 속에서 하루하루 살게 하소서.

말씀 적용하기

제88편

병에 걸려 극심한 고통을 당한 시인이
자신의 처지를 탄식하며 하나님의 긍휼을 간구한 탄식시입니다.

고라 자손의 찬송 시 곧 에스라인 헤만의 [1]마스길, 인도자를 따라 [2]마할랏르안놋에 맞춘 노래

1 여호와 내 구원의 하나님이여 내가 주야로 주 앞에서 부르짖었사오니

2 나의 기도가 주 앞에 이르게 하시며 나의 부르짖음에 주의 귀를 기울여 주소서

3 무릇 나의 영혼에는 재난이 가득하며 나의 생명은 스올에 가까웠사오니

4 나는 무덤에 내려가는 자 같이 인정되고 힘없는 용사와 같으며

고라 자손의 찬송 시 곧 에스라인 헤만의 마스길, 인도자를 따라 마할랏르안놋에 맞춘 노래

1

2

3

4

1 교훈

2 병의 노래

5 죽은 자 중에 던져진 바 되었으며
죽임을 당하여 무덤에 누운 자 같
으니이다 주께서 그들을 다시 기
억하지 아니하시니 그들은 주의
손에서 끊어진 자니이다
6 주께서 나를 깊은 웅덩이와 어둡
고 음침한 곳에 두셨사오며
7 주의 노가 나를 심히 누르시고 주
의 모든 파도가 나를 괴롭게 하
셨나이다 (셀라)
8 주께서 내가 아는 자를 내게서
멀리 떠나게 하시고 나를 그들에
게 가증한 것이 되게 하셨사오니
나는 갇혀서 나갈 수 없게 되었나
이다
9 곤란으로 말미암아 내 눈이 쇠하
였나이다 여호와여 내가 매일 주
를 부르며 주를 향하여 나의 두
손을 들었나이다

5

6

7

8

9

10 주께서 죽은 자에게 기이한 일을
보이시겠나이까 유령들이 일어나
주를 찬송하리이까 (셀라)
11 주의 인자하심을 무덤에서, 주의
성실하심을 멸망 중에서 선포할
수 있으리이까
12 흑암 중에서 주의 기적과 잊음의
땅에서 주의 공의를 알 수 있으리
이까
13 여호와여 오직 내가 주께 부르짖
었사오니 아침에 나의 기도가 주
의 앞에 이르리이다
14 여호와여 어찌하여 나의 영혼을
버리시며 어찌하여 주의 얼굴을
내게서 숨기시나이까
15 내가 어릴 적부터 고난을 당하여
죽게 되었사오며 주께서 두렵게
하실 때에 당황하였나이다
16 주의 진노가 내게 넘치고 주의 두
려움이 나를 끊었나이다

10

11

12

13

14

15

16

DATE . . .

17 이런 일이 물 같이 종일 나를 에우
며 함께 나를 둘러쌌나이다
18 주는 내게서 사랑하는 자와 친구
를 멀리 떠나게 하시며 내가 아는
자를 흑암에 두셨나이다

17

18

시편으로 드리는 기도 하나님, 때로 제 기도에 오랜 시간 침묵하실지라도, 반드시 하나님의 때에 응답하신다는 확신을 가지고 기도의 끈을 놓지 않게 하소서.

말씀 적용하기

제89편

열방의 조롱거리가 된 다윗 왕조를
하나님과 다윗의 언약에 근거해 회복해 주시기를 간구한 기도입니다.

에스라인 에단의 [1]마스길

1 내가 여호와의 인자하심을 영원히 노래하며 주의 성실하심을 내 입으로 대대에 알게 하리이다

2 내가 말하기를 인자하심을 영원히 세우시며 주의 성실하심을 하늘에서 견고히 하시리라 하였나이다

3 주께서 이르시되 나는 내가 택한 자와 언약을 맺으며 내 종 다윗에게 맹세하기를

4 내가 네 자손을 영원히 견고히 하며 네 왕위를 대대에 세우리라 하셨나이다 (셀라)

에스라인 에단의 마스길

1

2

3

4

1 교훈

5 여호와여 주의 기이한 일을 하늘
이 찬양할 것이요 주의 성실도 거
룩한 자들의 모임 가운데에서 찬
양하리이다
6 무릇 구름 위에서 능히 여호와와
비교할 자 누구며 신들 중에서 여
호와와 같은 자 누구리이까
7 하나님은 거룩한 자의 모임 가운
데에서 매우 무서워할 이시오며
둘러 있는 모든 자 위에 더욱 두
려워할 이시니이다
8 여호와 만군의 하나님이여 주와
같이 능력 있는 이가 누구리이까
여호와여 주의 성실하심이 주를
둘렀나이다
9 주께서 바다의 파도를 다스리시
며 그 파도가 일어날 때에 잔잔하
게 하시나이다

5

6

7

8

9

10 주께서 [1]라합을 죽임 당한 자 같
이 깨뜨리시고 주의 원수를 주의
능력의 팔로 흩으셨나이다
11 하늘이 주의 것이요 땅도 주의 것
이라 세계와 그 중에 충만한 것을
주께서 건설하셨나이다
12 남북을 주께서 창조하셨으니 다
볼과 헤르몬이 주의 이름으로 말
미암아 즐거워하나이다
13 주의 팔에 능력이 있사오며 주의
손은 강하고 주의 오른손은 높이
들리우셨나이다
14 의와 공의가 주의 보좌의 기초라
인자함과 진실함이 주 앞에 있나
이다
15 즐겁게 소리칠 줄 아는 백성은 복
이 있나니 여호와여 그들이 주의
얼굴 빛 안에서 다니리로다

10

11

12

13

14

15

---

1 애굽

16 그들은 종일 주의 이름 때문에 기
뻐하며 주의 공의로 말미암아 높
아지오니
17 주는 그들의 힘의 영광이심이라
우리의 뿔이 주의 은총으로 높아
지오리니
18 우리의 방패는 여호와께 속하였
고 우리의 왕은 이스라엘의 거
룩한 이에게 속하였기 때문이니
이다
19 그 때에 주께서 환상 중에 주의
성도들에게 말씀하여 이르시기를
내가 능력 있는 용사에게는 돕는
힘을 더하며 백성 중에서 택함 받
은 자를 높였으되
20 내가 내 종 다윗을 찾아내어 나의
거룩한 기름을 그에게 부었도다
21 내 손이 그와 함께 하여 견고하게
하고 내 팔이 그를 힘이 있게 하리
로다

16

17

18

19

20

21

22 원수가 그에게서 강탈하지 못하
며 악한 자가 그를 곤고하게 못
하리로다
23 내가 그의 앞에서 그 대적들을 박
멸하며 그를 미워하는 자들을 치
려니와
24 나의 성실함과 인자함이 그와 함
께 하리니 내 이름으로 말미암아
그의 뿔이 높아지리로다
25 내가 또 그의 손을 바다 위에 놓
으며 오른손을 강들 위에 놓으
리니
26 그가 내게 부르기를 주는 나의
아버지시요 나의 하나님이시요 나
의 구원의 바위시라 하리로다
27 내가 또 그를 장자로 삼고 세상
왕들에게 지존자가 되게 하며
28 그를 위하여 나의 인자함을 영원
히 지키고 그와 맺은 나의 언약을
굳게 세우며

22

23

24

25

26

27

28

29 또 그의 후손을 영구하게 하여 그 29
의 왕위를 하늘의 날과 같게 하
리로다
30 만일 그의 자손이 내 법을 버리며 30
내 규례대로 행하지 아니하며
31 내 율례를 깨뜨리며 내 계명을 지 31
키지 아니하면
32 내가 회초리로 그들의 죄를 다스 32
리며 채찍으로 그들의 죄악을 벌
하리로다
33 그러나 나의 인자함을 그에게서 33
다 거두지는 아니하며 나의 성실
함도 폐하지 아니하며
34 내 언약을 깨뜨리지 아니하고 내 34
입술에서 낸 것은 변하지 아니하
리로다
35 내가 나의 거룩함으로 한 번 맹세 35
하였은즉 다윗에게 거짓말을 하
지 아니할 것이라
36 그의 후손이 장구하고 그의 왕위 36
는 해 같이 내 앞에 항상 있으며

37 또 궁창의 확실한 증인인 달 같이
영원히 견고하게 되리라 하셨도
다 (셀라)
38 그러나 주께서 주의 기름 부음 받
은 자에게 노하사 물리치셔서 버
리셨으며
39 주의 종의 언약을 미워하사 그의
관을 땅에 던져 욕되게 하셨으며
40 그의 모든 울타리를 파괴하시며
그 요새를 무너뜨리셨으므로
41 길로 지나가는 자들에게 다 탈취
를 당하며 그의 이웃에게 욕을 당
하나이다
42 주께서 그의 대적들의 오른손을
높이시고 그들의 모든 원수들은
기쁘게 하셨으나
43 그의 칼날은 둔하게 하사 그가 전
장에서 더 이상 버티지 못하게 하
셨으며
44 그의 영광을 그치게 하시고 그의
왕위를 땅에 엎으셨으며

37

38

39

40

41

42

43

44

45 그의 젊은 날들을 짧게 하시고
그를 수치로 덮으셨나이다 (셀라)
46 여호와여 언제까지니이까 스스로
영원히 숨기시리이까 주의 노가
언제까지 불붙듯 하시겠나이까
47 나의 때가 얼마나 짧은지 기억하
소서 주께서 모든 사람을 어찌 그
리 허무하게 창조하셨는지요
48 누가 살아서 죽음을 보지 아니하
고 자기의 영혼을 스올의 권세에
서 건지리이까 (셀라)
49 주여 주의 성실하심으로 다윗에
게 맹세하신 그 전의 인자하심이
어디 있나이까
50 주는 주의 종들이 받은 비방을 기
억하소서 많은 민족의 비방이 내
품에 있사오니
51 여호와여 이 비방은 주의 원수들
이 주의 기름 부음 받은 자의 행
동을 비방한 것이로소이다

45

46

47

48

49

50

51

52 여호와를 영원히 찬송할지어다

아멘 아멘

52

시편으로 드리는 기도 하나님, 하나님 말씀이 전혀 이루어지지 않을 것 같은 상황을 종종 만납니다. 그러나 그 가운데서도 하나님이 친히 이끌어가심을 믿으며 주님만 바라보게 하소서.

말씀 적용하기

제사권 제90편

시편 중 유일한 모세의 시로서,
인간이 하나님을 떠나서는 참된 소망이 있을 수 없음을 교훈합니다.

하나님의 사람 모세의 기도

1 주여 주는 대대에 우리의 거처가 되셨나이다

2 산이 생기기 전, 땅과 세계도 주께서 조성하시기 전 곧 영원부터 영원까지 주는 하나님이시니이다

3 주께서 사람을 [1]티끌로 돌아가게 하시고 말씀하시기를 너희 인생들은 돌아가라 하셨사오니

4 주의 목전에는 천 년이 지나간 어제 같으며 밤의 한 순간 같을 뿐임이니이다

5 주께서 그들을 홍수처럼 쓸어가시나이다 그들은 잠깐 자는 것 같으며 아침에 돋는 풀 같으니이다

하나님의 사람 모세의 기도

1

2

3

4

5

1 파멸로

6 풀은 아침에 꽃이 피어 자라다가
저녁에는 시들어 마르나이다
7 우리는 주의 노에 소멸되며 주의
분내심에 놀라나이다
8 주께서 우리의 죄악을 주의 앞에
놓으시며 우리의 은밀한 죄를 주
의 얼굴 빛 가운데에 두셨사오니
9 우리의 모든 날이 주의 분노 중에
지나가며 우리의 평생이 순식간에
다하였나이다
10 우리의 연수가 칠십이요 강건하면
팔십이라도 그 연수의 자랑은 수
고와 슬픔뿐이요 신속히 가니 우
리가 날아가나이다
11 누가 주의 노여움의 능력을 알며
누가 주의 진노의 두려움을 알리
이까
12 우리에게 우리 날 계수함을 가르치
사 지혜로운 마음을 얻게 하소서
13 여호와여 돌아오소서 언제까지니
이까 주의 종들을 불쌍히 여기소서

6

7

8

9

10

11

12

13

14 아침에 주의 인자하심이 우리를
만족하게 하사 우리를 일생 동안
즐겁고 기쁘게 하소서
15 우리를 괴롭게 하신 날수대로와
우리가 화를 당한 연수대로 우리
를 기쁘게 하소서
16 주께서 행하신 일을 주의 종들에
게 나타내시며 주의 영광을 그들
의 자손에게 나타내소서
17 주 우리 하나님의 [1]은총을 우리
에게 내리게 하사 우리의 손이 행
한 일을 우리에게 견고하게 하소
서 우리의 손이 행한 일을 견고하
게 하소서

14

15

16

17

시편으로 드리는 기도 하나님, 세상의 부요함으로 누리는 기쁨보다 하나님이 주시는 구원의 기쁨으로 언제나 충만하게 하소서. 늘 주님과 동행하기 원합니다.

말씀 적용하기

1 아름다움이

제91편

하나님을 의지하는 자의
적극적인 삶과 승리를 노래하는 시입니다.

1 지존자의 은밀한 곳에 거주하며
전능자의 그늘 아래에 사는 자여,
2 나는 여호와를 향하여 말하기를
그는 나의 피난처요 나의 요새
요 내가 의뢰하는 하나님이라 하
리니
3 이는 그가 너를 새 사냥꾼의 올무
에서와 심한 전염병에서 건지실 것
임이로다
4 그가 너를 그의 깃으로 덮으시리
니 네가 그의 날개 아래에 피하리
로다 그의 진실함은 방패와 손 방
패가 되시나니
5 너는 밤에 찾아오는 공포와 낮에
날아드는 화살과

1

2

3

4

5

6 어두울 때 퍼지는 전염병과 밝을
때 닥쳐오는 재앙을 두려워하지
아니하리로다
7 천 명이 네 왼쪽에서, 만 명이 네
오른쪽에서 엎드러지나 이 재앙이
네게 가까이 하지 못하리로다
8 오직 너는 똑똑히 보리니 악인들
의 보응을 네가 보리로다
9 네가 말하기를 [1]여호와는 나의
피난처시라 하고 지존자를 너의
거처로 삼았으므로
10 화가 네게 미치지 못하며 재앙이
네 장막에 가까이 오지 못하리니
11 그가 너를 위하여 그의 천사들을
명령하사 네 모든 길에서 너를 지
키게 하심이라
12 그들이 그들의 손으로 너를 붙들
어 발이 돌에 부딪히지 아니하게
하리로다

6

7

8

9

10

11

12

1 여호와여 주는

13 네가 사자와 독사를 밟으며 젊은
사자와 뱀을 발로 누르리로다
14 하나님이 이르시되 그가 나를 사
랑한즉 내가 그를 건지리라 그가
내 이름을 안즉 내가 그를 높이
리라
15 그가 내게 간구하리니 내가 그에
게 응답하리라 그들이 환난 당할
때에 내가 그와 함께 하여 그를
건지고 영화롭게 하리라
16 내가 그를 장수하게 함으로 그를
만족하게 하며 나의 구원을 그에
게 보이리라 하시도다

13

14

15

16

시편으로 드리는 기도 피난처 되시는 하나님, 어떠한 어려움을 겪을지라도 그것조차 하나님의 보호하심 안에 있음을 믿습니다. 하나님 안에서 승리할 것을 믿고 늘 담대하게 하소서.

말씀 적용하기

DATE . . .

제92편

포로기 이후 이스라엘 백성이
안식일 아침 희생제사를 드릴 때 부른 찬송시로서,
하나님의 공의로운 통치를 찬양합니다.

안식일의 찬송 시

1-3
지존자여 십현금과 비파와 수금
으로 여호와께 감사하며 주의 이
름을 찬양하고 아침마다 주의 인
자하심을 알리며 밤마다 주의 성
실하심을 베풂이 좋으니이다
4 여호와여 주께서 행하신 일로 나
를 기쁘게 하셨으니 주의 손이 행
하신 일로 말미암아 내가 높이 외
치리이다
5 여호와여 주께서 행하신 일이 어
찌 그리 크신지요 주의 생각이 매
우 깊으시니이다
6 어리석은 자도 알지 못하며 무지
한 자도 이를 깨닫지 못하나이다

안식일의 찬송 시

1-3

4

5

6

7 악인들은 풀 같이 자라고 악을 행
하는 자들은 다 흥왕할지라도 영
원히 멸망하리이다
8 여호와여 주는 영원토록 지존하
시니이다
9 여호와여 주의 원수들은 패망하
리이다 정녕 주의 원수들은 패망
하리니 죄악을 행하는 자들은 다
흩어지리이다
10 그러나 주께서 내 뿔을 들소의
뿔 같이 높이셨으며 내게 신선한
기름을 부으셨나이다
11 내 원수들이 보응 받는 것을 내
눈으로 보며 일어나 나를 치는 행
악자들이 보응 받는 것을 내 귀로
들었도다
12 의인은 종려나무 같이 번성하며
레바논의 백향목 같이 성장하리
로다

7

8

9

10

11

12

13 이는 여호와의 집에 심겼음이여
우리 하나님의 뜰 안에서 번성하
리로다
14 그는 늙어도 여전히 결실하며 진
액이 풍족하고 빛이 청청하니
15 여호와의 정직하심과 나의 바위
되심과 그에게는 불의가 없음이
선포되리로다

13

14

15

시편으로 드리는 기도 이스라엘의 찬양 중에 거하시는 하나님,
눈을 열어 하나님의 행하심을 보며, 날마다 하나님을 찬양하게 하소서.
하나님의 사랑과 공의를 견고히 붙들게 하소서.

말씀 적용하기

제93편

본 시는 하나님의 영원하고 우주적이며
절대적인 통치를 찬양한 노래로
47, 94-100편의 주제와 연결됩니다.

1 여호와께서 다스리시니 스스로
권위를 입으셨도다 여호와께서
능력의 옷을 입으시며 띠를 띠셨
으므로 세계도 견고히 서서 흔들
리지 아니하는도다
2 주의 보좌는 예로부터 견고히 섰
으며 주는 영원부터 계셨나이다
3 여호와여 큰 물이 소리를 높였고
큰 물이 그 소리를 높였으니 큰
물이 그 물결을 높이나이다
4 높이 계신 여호와의 능력은 많은
물 소리와 바다의 큰 파도보다
크니이다

1

2

3

4

5 여호와여 주의 증거들이 매우 확실
하고 거룩함이 주의 집에 합당하
니 여호와는 영원무궁하시리이다

5

시편으로 드리는 기도 위엄과 능력으로 옷 입으신 하나님,
오늘도 제 삶을 통치하시어 악의 세력에서 지켜주시고,
하나님의 뜻을 온전히 이루게 하소서.

말씀 적용하기

제94편

의인이 무고하게 고난당하는 상황에서,
시인은 하나님의 개입을 요청하면서 악인에 대한 하나님의 심판을 경고합니다.
탄식시로 분류됩니다.

1 여호와여 복수하시는 하나님이여
복수하시는 하나님이여 빛을 비
추어 주소서
2 세계를 심판하시는 주여 일어나
사 교만한 자들에게 마땅한 벌을
주소서
3 여호와여 악인이 언제까지, 악인
이 언제까지 개가를 부르리이까
4 그들이 마구 지껄이며 오만하게
떠들며 죄악을 행하는 자들이 다
자만하나이다
5 여호와여 그들이 주의 백성을 짓
밟으며 주의 소유를 곤고하게
하며
6 과부와 나그네를 죽이며 고아들
을 살해하며

1

2

3

4

5

6

7 말하기를 여호와가 보지 못하며
야곱의 하나님이 알아차리지 못
하리라 하나이다
8 백성 중의 어리석은 자들아 너희
는 생각하라 무지한 자들아 너희
가 언제나 지혜로울까
9 귀를 [1]지으신 이가 듣지 아니하시
랴 눈을 만드신 이가 보지 아니하
시랴
10 뭇 백성을 징벌하시는 이 곧 지식
으로 사람을 교훈하시는 이가 징
벌하지 아니하시랴
11 여호와께서는 사람의 생각이 허
무함을 아시느니라
12 여호와여 주로부터 징벌을 받으
며 주의 법으로 교훈하심을 받는
자가 복이 있나니
13 이런 사람에게는 환난의 날을 피
하게 하사 악인을 위하여 구덩이
를 팔 때까지 평안을 주시리이다

7

8

9

10

11

12

13

1 심으신 자가

14 여호와께서는 자기 백성을 버리
지 아니하시며 자기의 소유를 외
면하지 아니하시리로다
15 심판이 의로 돌아가리니 마음이
정직한 자가 다 따르리로다
16 누가 나를 위하여 일어나서 행악
자들을 치며 누가 나를 위하여 일
어나서 악행하는 자들을 칠까
17 여호와께서 내게 도움이 되지 아
니하셨더면 내 영혼이 벌써 침묵
속에 잠겼으리로다
18 여호와여 나의 발이 미끄러진다
고 말할 때에 주의 인자하심이 나
를 붙드셨사오며
19 내 속에 근심이 많을 때에 주의
위안이 내 영혼을 즐겁게 하시나
이다
20 율례를 빙자하고 재난을 꾸미는
[1]악한 재판장이 어찌 주와 어울
리리이까

14

15

16

17

18

19

20

1 악의 자리가

21 그들이 모여 의인의 영혼을 치려
하며 무죄한 자를 정죄하여 피를
흘리려 하나
22 여호와는 나의 요새이시요 나의
하나님은 내가 피할 반석이시라
23 그들의 죄악을 그들에게로 되돌
리시며 그들의 악으로 말미암아
그들을 끊으시리니 여호와 우리
하나님이 그들을 끊으시리로다

21

22

23

시편으로 드리는 기도 네 마음과 생각을 지키시는 하나님,
걱정이 태산같이 몰려올 때도 기도하며 나아가게 하소서.
기도 가운데 하나님의 평강을 누리게 하소서.

말씀 적용하기

제95편

본 시는 하나님께 불순종하는 것을 경고하고,
진정한 예배를 드릴 것을 촉구합니다.

1 오라 우리가 여호와께 노래하며 우리의 구원의 반석을 향하여 즐거이 외치자

2 우리가 감사함으로 그 앞에 나아가며 시를 지어 즐거이 그를 노래하자

3 여호와는 크신 하나님이시요 모든 신들보다 크신 왕이시기 때문이로다

4 땅의 깊은 곳이 그의 손 안에 있으며 산들의 높은 곳도 그의 것이로다

5 바다도 그의 것이라 그가 만드셨고 육지도 그의 손이 지으셨도다

1

2

3

4

5

6 오라 우리가 굽혀 경배하며 우리
를 지으신 여호와 앞에 무릎을
꿇자
7 그는 우리의 하나님이시요 우리
는 그가 기르시는 백성이며 그의
손이 돌보시는 양이기 때문이라
너희가 오늘 그의 음성을 듣거든
8 너희는 [1]므리바에서와 같이 또
광야의 맛사에서 지냈던 날과 같
이 너희 마음을 완악하게 하지 말
지어다
9 그 때에 너희 조상들이 내가 행한
일을 보고서도 나를 시험하고 조
사하였도다
10 내가 사십 년 동안 그 세대로 말
미암아 근심하여 이르기를 그들
은 마음이 미혹된 백성이라 내 길
을 알지 못한다 하였도다

6

7

8

9

10

1 다툼

11 그러므로 내가 노하여 맹세하기
를 그들은 내 안식에 들어오지 못
하리라 하였도다

11

시편으로 드리는 기도 찬양받기에 합당하신 하나님,
내가 처한 상황과 상관없이 하나님이 내 창조주시고 나를 돌보시는 분임을 믿으며,
조금의 주저함도 없이 찬양하게 하소서.

말씀 적용하기

제96편

하나님의 위대하신 통치를 과거, 현재, 미래 시제로 노래하며,
세계 만민에게 여호와를 찬양하자고 권면합니다.

1 새 노래로 여호와께 노래하라 온
땅이여 여호와께 노래할지어다
2 여호와께 노래하여 그의 이름을
송축하며 그의 구원을 날마다 전
파할지어다
3 그의 영광을 백성들 가운데에,
그의 기이한 행적을 만민 가운데
에 선포할지어다
4 여호와는 위대하시니 지극히 찬
양할 것이요 모든 신들보다 경외
할 것임이여
5 만국의 모든 신들은 우상들이지
만 여호와께서는 하늘을 지으셨
음이로다

6 존귀와 위엄이 그의 앞에 있으며
능력과 아름다움이 그의 성소에
있도다
7 만국의 족속들아 영광과 권능을
여호와께 돌릴지어다 여호와께
돌릴지어다
8 여호와의 이름에 합당한 영광을
그에게 돌릴지어다 예물을 들고
그의 궁정에 들어갈지어다
9 아름답고 거룩한 것으로 여호와
께 예배할지어다 온 땅이여 그 앞
에서 떨지어다
10 모든 나라 가운데서 이르기를 여
호와께서 다스리시니 세계가 굳
게 서고 흔들리지 않으리라 그가
만민을 공평하게 심판하시리라
할지로다
11 하늘은 기뻐하고 땅은 즐거워하
며 바다와 거기에 충만한 것이 외
치고

DATE . . .

12 밭과 그 가운데에 있는 모든 것
은 즐거워할지로다 그 때 숲의
모든 나무들이 여호와 앞에서 즐
거이 노래하리니
13 그가 임하시되 땅을 심판하러 임
하실 것임이라 그가 의로 세계를
심판하시며 그의 진실하심으로 백
성을 심판하시리로다

12

13

시편으로 드리는 기도 우리의 창조주시며 지금도 우리를 다스리시는 하나님, 온 마음과 정성을 다해 하나님이 받으시기에 합당한 예배를 드리게 하소서.

말씀 적용하기

제97편

장차 하나님이 세상 모든 사람을 심판하실 때,
악인은 수치를 당할 것이나 의인은 기뻐할 것을 노래합니다.

1 여호와께서 다스리시나니 땅은
즐거워하며 허다한 섬은 기뻐할지
어다
2 구름과 흑암이 그를 둘렀고 의와
공평이 그의 보좌의 기초로다
3 불이 그의 앞에서 나와 사방의 대
적들을 불사르시는도다
4 그의 번개가 세계를 비추니 땅이
보고 떨었도다
5 산들이 여호와의 앞 곧 온 땅의
주 앞에서 밀랍 같이 녹았도다
6 하늘이 그의 의를 선포하니 모든
백성이 그의 영광을 보았도다

1

2

3

4

5

6

7 조각한 신상을 섬기며 [1]허무한 것
으로 자랑하는 자는 다 수치를
당할 것이라 너희 신들아 여호와
께 경배할지어다
8 여호와여 시온이 주의 심판을 듣
고 기뻐하며 유다의 딸들이 즐거
워하였나이다
9 여호와여 주는 온 땅 위에 지존하
시고 모든 신들보다 위에 계시니
이다
10 여호와를 사랑하는 너희여 악을
미워하라 그가 그의 성도의 영혼
을 보전하사 악인의 손에서 건지
시느니라
11 의인을 위하여 빛을 뿌리고 마음
이 정직한 자를 위하여 기쁨을 뿌
리시는도다

7

8

9

10

11

1 우상으로

12 의인이여 너희는 여호와로 말미암아 기뻐하며 그의 거룩한 이름에 감사할지어다

12

시편으로 드리는 기도 세상을 공평과 정의로 다스리시는 하나님,
하나님의 다스리심이 느껴지지 않을 때도 하나님의 통치에 대한 변치 않는 믿음으로
말씀 안에 견고히 서게 하소서.

말씀 적용하기

제98편

시인은 이스라엘을 구원하신 하나님을 찬양할 것을 요청하며,
나아가 자연계도 여호와를 찬양하라고 촉구합니다.

시

1 새 노래로 여호와께 찬송하라 그
는 기이한 일을 행하사 그의 오른
손과 거룩한 팔로 자기를 위하여
구원을 베푸셨음이로다
2 여호와께서 그의 구원을 알게 하
시며 그의 공의를 뭇 나라의 목전
에서 명백히 나타내셨도다
3 그가 이스라엘의 집에 베푸신 인
자와 성실을 기억하셨으므로 땅
끝까지 이르는 모든 것이 우리 하
나님의 구원을 보았도다
4 온 땅이여 여호와께 즐거이 소리
칠지어다 소리 내어 즐겁게 노래
하며 찬송할지어다

시

1

2

3

4

5 수금으로 여호와를 노래하라 수 5
금과 음성으로 노래할지어다
6 나팔과 호각 소리로 왕이신 여호 6
와 앞에 즐겁게 소리칠지어다
7 바다와 거기 충만한 것과 세계와 7
그 중에 거주하는 자는 다 외칠지
어다
8 여호와 앞에서 큰 물은 박수할지 8
어다 산악이 함께 즐겁게 노래할
지어다
9 그가 땅을 심판하러 임하실 것임 9
이로다 그가 의로 세계를 판단하
시며 공평으로 그의 백성을 심판
하시리로다

시편으로 드리는 기도 나를 구원하신 하나님, 구원의 은혜에 감사하며 찬양드립니다. 앞으로 베푸실 크고 비밀한 일을 기대하며 언제나 주님만 찬양하게 하소서.

말씀 적용하기

DATE . . .

제99편

모든 민족을 통치하시고 택한 백성을 위해
공의를 행하시는 하나님을 향한 찬양시입니다.

1 여호와께서 다스리시니 만민이 1
떨 것이요 여호와께서 그룹 사이
에 좌정하시니 땅이 흔들릴 것이
로다
2 시온에 계시는 여호와는 위대하 2
시고 모든 민족보다 높으시도다
3 주의 크고 두려운 이름을 찬송할 3
지니 그는 거룩하심이로다
4 능력 있는 왕은 정의를 사랑하느 4
니라 주께서 공의를 견고하게 세
우시고 주께서 야곱에게 정의와
공의를 행하시나이다

5 너희는 여호와 우리 하나님을 높
여 그의 발등상 앞에서 경배할지
어다 그는 거룩하시도다
6 그의 제사장들 중에는 모세와 아
론이 있고 그의 이름을 부르는 자
들 중에는 사무엘이 있도다 그들
이 여호와께 간구하매 응답하셨
도다
7 여호와께서 구름 기둥 가운데서
그들에게 말씀하시니 그들은 그
가 그들에게 주신 증거와 율례를
지켰도다
8 여호와 우리 하나님이여 주께서
는 그들에게 응답하셨고 그들의
행한 대로 갚기는 하셨으나 그들
을 용서하신 하나님이시니이다

5

6

7

8

9 너희는 여호와 우리 하나님을 높
이고 그 성산에서 예배할지어다
여호와 우리 하나님은 거룩하심
이로다

9

시편으로 드리는 기도 온 세상을 다스리시는 하나님,
오늘도 제 삶이 하나님의 다스림 안에 있게 하시고,
하나님 말씀이 제 삶을 지배하도록 생각과 의지를 주장해 주소서.

말씀 적용하기

제100편

본 시는 하나님의 통치를 일련의 책으로 묶어 찬양한
95편에서부터 100편까지의 결론 부분입니다.

감사의 시

1 온 땅이여 여호와께 즐거운 찬송
을 부를지어다
2 기쁨으로 여호와를 섬기며 노래
하면서 그의 앞에 나아갈지어다
3 여호와가 우리 하나님이신 줄 너
희는 알지어다 그는 우리를 지으
신 이요 우리는 그의 것이니 그
의 백성이요 그의 기르시는 양이
로다
4 감사함으로 그의 문에 들어가며
찬송함으로 그의 궁정에 들어가
서 그에게 감사하며 그의 이름을
송축할지어다

감사의 시

1

2

3

4

DATE . . .

5 여호와는 선하시니 그의 인자하
심이 영원하고 그의 성실하심이
대대에 이르리로다

5

시편으로 드리는 기도 우리의 예배를 받으시는 하나님,
영과 진리로 예배드릴 뿐 아니라 하나님을 향한 감사와 찬양이
흘러 넘치는 예배가 되게 하소서.

말씀 적용하기

제101편

하나님의 다스리심을 본받아
나라를 정의롭게 다스릴 것을 약속하는
왕의 서원이 담긴 시입니다.

다윗의 시

1 내가 인자와 정의를 노래하겠나이다 여호와여 내가 주께 찬양하리이다

2 내가 완전한 길을 주목하오리니 주께서 어느 때나 내게 임하시겠나이까 내가 완전한 마음으로 내 집 안에서 행하리이다

3 나는 비천한 것을 내 눈 앞에 두지 아니할 것이요 배교자들의 행위를 내가 미워하오리니 나는 그 어느 것도 붙들지 아니하리이다

4 사악한 마음이 내게서 떠날 것이니 [1]악한 일을 내가 알지 아니하리로다

다윗의 시

1

2

3

4

---

1 악한 자를

5 자기의 이웃을 은근히 헐뜯는 자
를 내가 멸할 것이요 눈이 높고
마음이 교만한 자를 내가 용납하
지 아니하리로다
6 내 눈이 이 땅의 충성된 자를 살
펴 나와 함께 살게 하리니 완전한
길에 행하는 자가 나를 따르리
로다
7 거짓을 행하는 자는 내 집 안에
거주하지 못하며 거짓말하는 자
는 내 목전에 서지 못하리로다
8 아침마다 내가 이 땅의 모든 악인
을 멸하리니 악을 행하는 자는 여
호와의 성에서 다 끊어지리로다

5

6

7

8

시편으로 드리는 기도 믿음의 주요 온전케 하시는 하나님,
내 믿음이 지적인 영역과 감성적인 영역을 넘어 의지조차도 다스릴 수 있게 하소서.
하나님의 뜻을 온전히 따르기 원합니다.

말씀 적용하기

제102편

시인은 민족적 수난을 개인의 수난과 동일시하여
암담한 현실과 고통을 토로하고 하나님께 도움을 간구합니다.

고난 당한 자가 마음이 상하여
그의 근심을 여호와 앞에
토로하는 기도

1 여호와여 내 기도를 들으시고 나
의 부르짖음을 주께 상달하게 하
소서
2 나의 괴로운 날에 주의 얼굴을 내
게서 숨기지 마소서 주의 귀를 내
게 기울이사 내가 부르짖는 날에
속히 내게 응답하소서
3 내 날이 연기 같이 소멸하며 내 뼈
가 숯 같이 탔음이니이다
4 내가 음식 먹기도 잊었으므로 내
마음이 풀 같이 시들고 말라 버렸
사오며

고난 당한 자가 마음이 상하여
그의 근심을 여호와 앞에
토로하는 기도

1

2

3

4

5 나의 탄식 소리로 말미암아 나의
살이 뼈에 붙었나이다
6 나는 광야의 올빼미 같고 황폐한
곳의 부엉이 같이 되었사오며
7 내가 밤을 새우니 지붕 위의 외로
운 참새 같으니이다
8 내 원수들이 종일 나를 비방하
며 내게 대항하여 미칠 듯이 날
뛰는 자들이 나를 가리켜 맹세하
나이다
9 나는 재를 양식 같이 먹으며 나는
눈물 섞인 물을 마셨나이다
10 주의 분노와 진노로 말미암음이
라 주께서 나를 들어서 던지셨나
이다
11 내 날이 기울어지는 그림자 같고
내가 풀의 시들어짐 같으니이다
12 여호와여 주는 영원히 계시고
주에 대한 기억은 대대에 이르리
이다

5

6

7

8

9

10

11

12

13 주께서 일어나사 시온을 긍휼히
여기시리니 지금은 그에게 은혜
를 베푸실 때라 정한 기한이 다가
옴이니이다
14 주의 종들이 시온의 돌들을 즐거
워하며 그의 티끌도 은혜를 받나
이다
15 이에 뭇 나라가 여호와의 이름을
경외하며 이 땅의 모든 왕들이 주
의 영광을 경외하리니
16 여호와께서 시온을 건설하시고
그의 영광 중에 나타나셨음이라
17 여호와께서 빈궁한 자의 기도를
돌아보시며 그들의 기도를 멸시
하지 아니하셨도다
18 이 일이 장래 세대를 위하여 기록
되리니 창조함을 받을 백성이 여
호와를 찬양하리로다
19 여호와께서 그의 높은 성소에서
굽어보시며 하늘에서 땅을 살펴
보셨으니

13

14

15

16

17

18

19

20 이는 갇힌 자의 탄식을 들으시며
죽이기로 정한 자를 해방하사
21 여호와의 이름을 시온에서, 그 영
예를 예루살렘에서 선포하게 하
려 하심이라
22 그 때에 민족들과 나라들이 함께
모여 여호와를 섬기리로다
23 그가 내 힘을 중도에 쇠약하게 하
시며 내 날을 짧게 하셨도다
24 나의 말이 나의 하나님이여 나
의 중년에 나를 데려가지 마옵소
서 주의 연대는 대대에 무궁하니
이다
25 주께서 옛적에 땅의 기초를 놓으
셨사오며 하늘도 주의 손으로 지
으신 바니이다
26 천지는 없어지려니와 주는 영존하
시겠고 그것들은 다 옷 같이 낡으
리니 의복 같이 바꾸시면 바뀌려
니와

20

21

22

23

24

25

26

27 주는 한결같으시고 주의 연대는
무궁하리이다
28 주의 종들의 자손은 항상 안전
히 거주하고 그의 후손은 주 앞에
굳게 서리이다 하였도다

27

28

시편으로 드리는 기도 나의 힘이 되신 하나님,
유한하며 때로는 무기력한 제 모습에 좌절할 때가 있습니다.
그러나 동행해 주시는 하나님의 전능하심을 소망으로 삼고 일어나게 하소서.

말씀 적용하기

DATE . . .

제103편

자기 백성에게 베푸신 하나님의 사랑과 자비를
찬양하고 노래하는 시입니다.

다윗의 시

1 내 영혼아 여호와를 송축하라 내
속에 있는 것들아 다 그의 거룩한
이름을 송축하라
2 내 영혼아 여호와를 송축하며 그
의 모든 은택을 잊지 말지어다
3 그가 네 모든 죄악을 사하시며 네
모든 병을 고치시며
4 네 생명을 파멸에서 속량하시고
인자와 긍휼로 관을 씌우시며
5 좋은 것으로 네 소원을 만족하게
하사 네 청춘을 독수리 같이 새롭
게 하시는도다
6 여호와께서 공의로운 일을 행하
시며 억압 당하는 모든 자를 위하
여 심판하시는도다

다윗의 시

1

2

3

4

5

6

7 그의 행위를 모세에게, 그의 행
사를 이스라엘 자손에게 알리셨
도다
8 여호와는 긍휼이 많으시고 은혜
로우시며 노하기를 더디 하시고
인자하심이 풍부하시도다
9 자주 경책하지 아니하시며 노를
영원히 품지 아니하시리로다
10 우리의 죄를 따라 우리를 처벌하
지는 아니하시며 우리의 죄악을
따라 우리에게 그대로 갚지는 아
니하셨으니
11 이는 하늘이 땅에서 높음 같이 그
를 경외하는 자에게 그의 인자하
심이 크심이로다
12 동이 서에서 먼 것 같이 우리의 죄
과를 우리에게서 멀리 옮기셨으며
13 아버지가 자식을 긍휼히 여김 같
이 여호와께서는 자기를 경외하
는 자를 긍휼히 여기시나니

7

8

9

10

11

12

13

14 이는 그가 우리의 체질을 아시며
우리가 단지 먼지뿐임을 기억하심
이로다
15 인생은 그 날이 풀과 같으며 그
영화가 들의 꽃과 같도다
16 그것은 바람이 지나가면 없어지나
니 그 있던 자리도 다시 알지 못하
거니와
17 여호와의 인자하심은 자기를 경
외하는 자에게 영원부터 영원까
지 이르며 그의 의는 자손의 자손
에게 이르리니
18 곧 그의 언약을 지키고 그의 법도
를 기억하여 행하는 자에게로다
19 여호와께서 그의 보좌를 하늘에
세우시고 그의 왕권으로 만유를
다스리시도다
20 능력이 있어 여호와의 말씀을 행
하며 그의 말씀의 소리를 듣는 여
호와의 천사들이여 여호와를 송
축하라

14

15

16

17

18

19

20

21 그에게 수종들며 그의 뜻을 행하
는 모든 천군이여 여호와를 송축
하라
22 여호와의 지으심을 받고 그가 다
스리시는 모든 곳에 있는 너희여
여호와를 송축하라 내 영혼아 여
호와를 송축하라

21

22

시편으로 드리는 기도 하나님, 당면한 모든 문제 앞에서 제 약함을 철저하게 고백함으로 하나님과 동행하게 하소서. 하나님의 능하신 손 안에서 내 약함을 이기게 하소서.

말씀 적용하기

제104편

이 시의 전반부는 천지만물을 창조하신 하나님의 사역을 묘사하고,
후반부는 하나님의 영광을 찬양합니다.

1 내 영혼아 여호와를 송축하라 여
호와 나의 하나님이여 주는 심히
위대하시며 존귀와 권위로 옷 입
으셨나이다
2 주께서 옷을 입음 같이 빛을 입으
시며 하늘을 휘장 같이 치시며
3 물에 자기 누각의 들보를 얹으시
며 구름으로 자기 수레를 삼으시
고 바람 날개로 다니시며
4 바람을 자기 사신으로 삼으시고
불꽃으로 자기 사역자를 삼으시며
5 땅에 기초를 놓으사 영원히 흔들
리지 아니하게 하셨나이다
6 옷으로 덮음 같이 주께서 땅을 깊
은 바다로 덮으시매 물이 산들 위
로 솟아올랐으나

1

2

3

4

5

6

7 주께서 꾸짖으시니 물은 도망하
며 주의 우렛소리로 말미암아 빨
리 가며
8 주께서 그들을 위하여 정하여 주
신 곳으로 흘러갔고 [1]산은 오르
고 골짜기는 내려갔나이다
9 주께서 물의 경계를 정하여 넘치
지 못하게 하시며 다시 돌아와 땅
을 덮지 못하게 하셨나이다
10 여호와께서 샘을 골짜기에서 솟
아나게 하시고 산 사이에 흐르게
하사
11 각종 들짐승에게 마시게 하시니
들나귀들도 해갈하며
12 공중의 새들도 그 가에서 깃들이
며 나뭇가지 사이에서 지저귀는
도다

7

8

9

10

11

12

1 물이 산으로 올라가고 골짜기로 내림이여 그를 위하여 정하신 곳에 이르도다

13 그가 그의 누각에서부터 산에
물을 부어 주시니 주께서 하시는
일의 결실이 땅을 만족시켜 주는
도다
14 그가 가축을 위한 풀과 사람을
위한 채소를 자라게 하시며 땅에
서 먹을 것이 나게 하셔서
15 사람의 마음을 기쁘게 하는 포도
주와 사람의 얼굴을 윤택하게 하
는 기름과 사람의 마음을 힘있게
하는 양식을 주셨도다
16 여호와의 나무에는 물이 흡족함
이여 곧 그가 심으신 레바논 백향
목들이로다
17 새들이 그 속에 깃들임이여 학은
잣나무로 집을 삼는도다
18 높은 산들은 산양을 위함이여 바
위는 너구리의 피난처로다
19 여호와께서 달로 절기를 정하심
이여 해는 그 지는 때를 알도다

13

14

15

16

17

18

19

20 주께서 흑암을 지어 밤이 되게 하
시니 삼림의 모든 짐승이 기어나
오나이다
21 젊은 사자들은 그들의 먹이를 쫓
아 부르짖으며 그들의 먹이를 하
나님께 구하다가
22 해가 돋으면 물러가서 그들의 굴
속에 눕고
23 사람은 나와서 일하며 저녁까지
수고하는도다
24 여호와여 주께서 하신 일이 어찌
그리 많은지요 주께서 지혜로 그
들을 다 지으셨으니 주께서 지으
신 것들이 땅에 가득하니이다
25 거기에는 크고 넓은 바다가 있고
그 속에는 [1]생물 곧 크고 작은
동물들이 무수하니이다
26 그 곳에는 배들이 다니며 주께서
지으신 [2]리워야단이 그 속에서 노
나이다

20

21

22

23

24

25

26

---

1 기는 것

2 악어로 볼 수도 있음

27 이것들은 다 주께서 때를 따라 먹
을 것을 주시기를 바라나이다
28 주께서 주신즉 그들이 받으며 주
께서 손을 펴신즉 그들이 좋은 것
으로 만족하다가
29 주께서 낯을 숨기신즉 그들이 떨
고 주께서 그들의 호흡을 거두신
즉 그들은 죽어 먼지로 돌아가나
이다
30 주의 영을 보내어 그들을 창조하
사 지면을 새롭게 하시나이다
31 여호와의 영광이 영원히 계속할
지며 여호와는 자신께서 행하시
는 일들로 말미암아 즐거워하시
리로다
32 그가 땅을 보신즉 땅이 진동하
며 산들을 만지신즉 연기가 나는
도다
33 내가 평생토록 여호와께 노래하
며 내가 살아 있는 동안 내 하나
님을 찬양하리로다

27

28

29

30

31

32

33

34 나의 기도를 기쁘게 여기시기를
바라나니 나는 여호와로 말미암
아 즐거워하리로다
35 죄인들을 땅에서 소멸하시며 악
인들을 다시 있지 못하게 하시리
로다 내 영혼아 여호와를 송축하
라 [1]할렐루야

34

35

시편으로 드리는 기도 나를 창조하시고 살아가게 하시는 하나님,
오늘도 주님 없이는 살 수 없음을 고백합니다. 철저하게 하나님만 의지하며,
주님의 은혜 안에 살게 하소서.

말씀 적용하기

1 여호와를 찬송하라

DATE . . .

제105편

창세기 12장에서 주신 하나님의 약속이 성취되기까지
이스라엘의 역사를 압축하고 있는 서사시입니다.

1 여호와께 감사하고 그의 이름을
불러 아뢰며 그가 하는 일을 만민
중에 알게 할지어다

2 그에게 노래하며 그를 찬양하며
그의 모든 기이한 일들을 말할지
어다

3 그의 거룩한 이름을 자랑하라 여
호와를 구하는 자들은 마음이 즐
거울지로다

4 여호와와 그의 능력을 구할지어
다 그의 얼굴을 항상 구할지어다

5-6

그의 종 아브라함의 후손 곧 택
하신 야곱의 자손 너희는 그가 행
하신 기적과 그의 이적과 그의 입
의 판단을 기억할지어다

1

2

3

4

5-6

7 그는 여호와 우리 하나님이시라 7
그의 판단이 온 땅에 있도다
8 그는 그의 언약 곧 천 대에 걸쳐 8
명령하신 말씀을 영원히 기억하셨
으니
9 이것은 아브라함과 맺은 언약이 9
고 이삭에게 하신 맹세이며
10 야곱에게 세우신 율례 곧 이스라 10
엘에게 하신 영원한 언약이라
11 이르시기를 내가 가나안 땅을 네 11
게 주어 너희에게 할당된 소유가
되게 하리라 하셨도다
12 그 때에 그들의 사람 수가 적어 12
그 땅의 나그네가 되었고
13 이 족속에게서 저 족속에게로, 이 13
나라에서 다른 민족에게로 떠돌
아다녔도다
14 그러나 그는 사람이 그들을 억압 14
하는 것을 용납하지 아니하시고
그들로 말미암아 왕들을 꾸짖어

15 이르시기를 나의 기름 부은 자를
손대지 말며 나의 선지자들을 해
하지 말라 하셨도다
16 그가 또 그 땅에 기근이 들게 하
사 그들이 의지하고 있는 양식을
다 끊으셨도다
17 그가 한 사람을 앞서 보내셨음이
여 요셉이 종으로 팔렸도다
18 그의 발은 차꼬를 차고 그의 [1]몸
은 쇠사슬에 매였으니
19 곧 여호와의 말씀이 응할 때까
지라 그의 말씀이 그를 단련하였
도다
20 왕이 사람을 보내어 그를 석방함
이여 뭇 백성의 통치자가 그를 자
유롭게 하였도다
21 그를 그의 집의 주관자로 삼아
그의 모든 소유를 관리하게 하고

15

16

17

18

19

20

21

1 히, 혼

22 그의 뜻대로 모든 신하를 다스리
며 그의 지혜로 장로들을 교훈하
게 하였도다
23 이에 이스라엘이 애굽에 들어감
이여 야곱이 함의 땅에 나그네가
되었도다
24 여호와께서 자기의 백성을 크게
번성하게 하사 그의 대적들보다
강하게 하셨으며
25 또 그 대적들의 마음이 변하게 하
여 그의 백성을 미워하게 하시며
그의 종들에게 교활하게 행하게
하셨도다
26 그리하여 그는 그의 종 모세와
그의 택하신 아론을 보내시니
27 그들이 그들의 백성 중에서 여호
와의 표적을 보이고 함의 땅에서
징조들을 행하였도다
28 여호와께서 흑암을 보내사 그곳
을 어둡게 하셨으나 그들은 그의
말씀을 지키지 아니하였도다

22

23

24

25

26

27

28

29 그들의 물도 변하여 피가 되게 하
사 그들의 물고기를 죽이셨도다
30 그 땅에 개구리가 많아져서 왕의
궁실에도 있었도다
31 여호와께서 말씀하신즉 파리 떼
가 오며 그들의 온 영토에 이가
생겼도다
32 비 대신 우박을 내리시며 그들의
땅에 화염을 내리셨도다
33 그들의 포도나무와 무화과나무
를 치시며 그들의 지경에 있는 나
무를 찍으셨도다
34 여호와께서 말씀하신즉 황충과
수많은 메뚜기가 몰려와
35 그들의 땅에 있는 모든 채소를
먹으며 그들의 밭에 있는 열매를
먹었도다
36 또 여호와께서 그들의 기력의 시
작인 그 땅의 모든 장자를 치셨
도다

29
30
31
32
33
34
35
36

37 마침내 그들을 인도하여 은 금을
가지고 나오게 하시니 그의 지파
중에 비틀거리는 자가 하나도 없
었도다
38 그들이 떠날 때에 애굽이 기뻐하
였으니 그들이 그들을 두려워함
이로다
39 여호와께서 낮에는 구름을 펴사
덮개를 삼으시고 밤에는 불로 밝
히셨으며
40 그들이 구한즉 메추라기를 가져
오시고 또 하늘의 양식으로 그들
을 만족하게 하셨도다
41 반석을 여신즉 물이 흘러나와 마
른 땅에 강 같이 흘렀으니
42 이는 그의 거룩한 말씀과 그의
종 아브라함을 기억하셨음이로다
43 그의 백성이 즐겁게 나오게 하시
며 그의 택한 자는 노래하며 나오
게 하시고

37

38

39

40

41

42

43

44 여러 나라의 땅을 그들에게 주시
며 민족들이 수고한 것을 소유로
가지게 하셨으니
45 이는 그들이 그의 율례를 지키고
그의 율법을 따르게 하려 하심이
로다 [1]할렐루야

44

45

시편으로 드리는 기도 내 삶을 계획하고 이루어가시는 하나님,
오늘 하루도 하나님의 주도적인 계획과 인도하심 속에 있음을 고백합니다.
어떠한 상황에서도 믿음 흔들리지 않고 하나님만 바라보게 하소서.

말씀 적용하기

1 여호와를 찬송하라

제106편

이스라엘의 패역에도 불구하고 끝까지 용납하시고
은혜를 베푸신 하나님을 찬양하는 역사시입니다.

1 [1]할렐루야 여호와께 감사하라 1
그는 선하시며 그 인자하심이 영
원함이로다
2 누가 능히 여호와의 권능을 다 말 2
하며 주께서 받으실 찬양을 다 선
포하랴
3 정의를 지키는 자들과 항상 공의 3
를 행하는 자는 복이 있도다
4 여호와여 주의 백성에게 베푸시 4
는 은혜로 나를 기억하시며 주의
구원으로 나를 돌보사
5 내가 주의 택하신 자가 형통함을 5
보고 주의 나라의 기쁨을 나누어
가지게 하사 주의 유산을 자랑하
게 하소서

---

1 여호와를 찬송하라

6 우리가 우리의 조상들처럼 범죄
하여 사악을 행하며 악을 지었나
이다
7 우리의 조상들이 애굽에 있을 때
주의 기이한 일들을 깨닫지 못하
며 주의 크신 인자를 기억하지 아
니하고 바다 곧 홍해에서 거역하
였나이다
8 그러나 여호와께서는 자기의 이
름을 위하여 그들을 구원하셨으
니 그의 큰 권능을 만인이 알게
하려 하심이로다
9 이에 홍해를 꾸짖으시니 곧 마르
니 그들을 인도하여 [1]바다 건너
가기를 마치 광야를 지나감 같게
하사
10 그들을 그 미워하는 자의 손에서
구원하시며 그 원수의 손에서 구
원하셨고

6

7

8

9

10

1 히, 깊음

11 그들의 대적들은 물로 덮으시매
그들 중에서 하나도 살아 남지 못
하였도다
12 이에 그들이 그의 말씀을 믿고 그
를 찬양하는 노래를 불렀도다
13 그러나 그들은 그가 행하신 일을
곧 잊어버리며 그의 가르침을 기
다리지 아니하고
14 광야에서 욕심을 크게 내며 사막
에서 하나님을 시험하였도다
15 그러므로 여호와께서는 그들이
요구한 것을 그들에게 주셨을지
라도 그들의 영혼은 쇠약하게 하
셨도다
16 그들이 진영에서 모세와 여호와
의 거룩한 자 아론을 질투하매
17 땅이 갈라져 다단을 삼키며 아비
람의 당을 덮었고
18 불이 그들의 당에 붙음이여 화염
이 악인들을 살랐도다

11

12

13

14

15

16

17

18

19 그들이 호렙에서 송아지를 만들
고 부어 만든 우상을 경배하여
20 자기 영광을 풀 먹는 소의 형상으
로 바꾸었도다
21 애굽에서 큰 일을 행하신 그의 구
원자 하나님을 그들이 잊었나니
22 그는 함의 땅에서 기사와 홍해에
서 놀랄 만한 일을 행하신 이시
로다
23 그러므로 여호와께서 그들을 멸
하리라 하셨으나 그가 택하신 모
세가 그 어려움 가운데에서 그의
앞에 서서 그의 노를 돌이켜 멸하
시지 아니하게 하였도다
24 그들이 그 기쁨의 땅을 멸시하며
그 말씀을 믿지 아니하고
25 그들의 장막에서 원망하며 여호
와의 음성을 듣지 아니하였도다
26 이러므로 그가 그의 손을 들어 그
들에게 맹세하기를 그들이 광야
에 엎드러지게 하고

19

20

21

22

23

24

25

26

27 또 그들의 후손을 뭇 백성 중에
엎드러뜨리며 여러 나라로 흩어지
게 하리라 하셨도다
28 그들이 또 브올의 바알과 연합하
여 죽은 자에게 제사한 음식을 먹
어서
29 그 행위로 주를 격노하게 함으로
써 재앙이 그들 중에 크게 유행하
였도다
30 그 때에 비느하스가 일어서서 중
재하니 이에 재앙이 그쳤도다
31 이 일이 그의 의로 인정되었으니
대대로 영원까지로다
32 그들이 또 [1]므리바 물에서 여호
와를 노하시게 하였으므로 그들
때문에 재난이 모세에게 이르렀
나니
33 이는 그들이 그의 뜻을 거역함으
로 말미암아 모세가 그의 입술로
망령되이 말하였음이로다

27

28

29

30

31

32

33

1 다툼

34 그들은 여호와께서 멸하라고 말
씀하신 그 이방 민족들을 멸하지
아니하고
35 그 이방 나라들과 섞여서 그들의
행위를 배우며
36 그들의 우상들을 섬기므로 그것
들이 그들에게 올무가 되었도다
37 그들이 그들의 자녀를 악귀들에
게 희생제물로 바쳤도다
38 무죄한 피 곧 그들의 자녀의 피
를 흘려 가나안의 우상들에게 제
사하므로 그 땅이 피로 더러워졌
도다
39 그들은 그들의 행위로 더러워지
니 그들의 행동이 음탕하도다
40 그러므로 여호와께서 자기 백성
에게 맹렬히 노하시며 자기의 유
업을 미워하사
41 그들을 이방 나라의 손에 넘기시
매 그들을 미워하는 자들이 그들
을 다스렸도다

34

35

36

37

38

39

40

41

42 그들이 원수들의 압박을 받고 그
들의 수하에 복종하게 되었도다
43 여호와께서 여러 번 그들을 건지
시나 그들은 교묘하게 거역하며
자기 죄악으로 말미암아 낮아짐
을 당하였도다
44 그러나 여호와께서 그들의 부르
짖음을 들으실 때에 그들의 고통
을 돌보시며
45 그들을 위하여 그의 언약을 기억
하시고 그 크신 인자하심을 따라
뜻을 돌이키사
46 그들을 사로잡은 모든 자에게서
긍휼히 여김을 받게 하셨도다
47 여호와 우리 하나님이여 우리를
구원하사 여러 나라로부터 모으
시고 우리가 주의 거룩하신 이름
을 감사하며 주의 영예를 찬양하
게 하소서

42

43

44

45

46

47

48 여호와 이스라엘의 하나님을
영원부터 영원까지 찬양할지어
다 모든 백성들아 아멘 할지어다
[1]할렐루야

48

시편으로 드리는 기도 언제나 동일한 사랑으로 돌보시는 하나님,
제가 신실하지 않을 때도 한결같이 신실하심에 감사합니다.
저도 늘 주님께 신실함과 사랑을 드릴 수 있게 하소서.

말씀 적용하기

1 여호와를 찬송하라

제오권 제107편

106편과 마찬가지로 바벨론 포로 귀환 후에
이스라엘을 구원하신 하나님의 섭리와 은혜를 찬양한 시입니다.

1 여호와께 감사하라 그는 선하시
며 그 인자하심이 영원함이로다
2 여호와의 속량을 받은 자들은 이
같이 말할지어다 여호와께서 대
적의 손에서 그들을 속량하사
3 동서 [1]남북 각 지방에서부터 모
으셨도다
4 그들이 광야 사막 길에서 방황하
며 거주할 성읍을 찾지 못하고
5 주리고 목이 말라 그들의 영혼이
그들 안에서 피곤하였도다
6 이에 그들이 근심 중에 여호와께
부르짖으매 그들의 고통에서 건
지시고

1 바다에서

7 또 바른 길로 인도하사 거주할 성
읍에 이르게 하셨도다
8 여호와의 인자하심과 인생에게
행하신 기적으로 말미암아 그를
찬송할지로다
9 그가 사모하는 영혼에게 만족을
주시며 주린 영혼에게 좋은 것으
로 채워주심이로다
10 사람이 흑암과 사망의 그늘에 앉
으며 곤고와 쇠사슬에 매임은
11 하나님의 말씀을 거역하며 지존
자의 뜻을 멸시함이라
12 그러므로 그가 고통을 주어 그들
의 마음을 겸손하게 하셨으니 그
들이 엎드러져도 돕는 자가 없었
도다
13 이에 그들이 그 환난 중에 여호와
께 부르짖으매 그들의 고통에서
구원하시되

14 흑암과 사망의 그늘에서 인도하
여 내시고 그들의 얽어 맨 줄을
끊으셨도다
15 여호와의 인자하심과 인생에게
행하신 기적으로 말미암아 그를
찬송할지로다
16 그가 놋문을 깨뜨리시며 쇠빗장
을 꺾으셨음이로다
17 미련한 자들은 그들의 죄악의 길
을 따르고 그들의 악을 범하기
때문에 고난을 받아
18 그들은 그들의 모든 음식물을 싫
어하게 되어 사망의 문에 이르렀
도다
19 이에 그들이 그들의 고통 때문에
여호와께 부르짖으매 그가 그들
의 고통에서 그들을 구원하시되
20 그가 그의 말씀을 보내어 그들을
고치시고 위험한 지경에서 건지시
는도다

14

15

16

17

18

19

20

21 여호와의 인자하심과 인생에게
행하신 기적으로 말미암아 그를
찬송할지로다
22 감사제를 드리며 노래하여 그가
행하신 일을 선포할지로다
23 배들을 바다에 띄우며 큰 물에서
일을 하는 자는
24 여호와께서 행하신 일들과 그의
기이한 일들을 깊은 바다에서 보
나니
25 여호와께서 명령하신즉 광풍이
일어나 바다 물결을 일으키는
도다
26 그들이 하늘로 솟구쳤다가 깊은
곳으로 내려가나니 그 위험 때문
에 그들의 영혼이 녹는도다
27 그들이 이리저리 구르며 취한 자
같이 비틀거리니 그들의 모든 지
각이 혼돈 속에 빠지는도다

21

22

23

24

25

26

27

28 이에 그들이 그들의 고통 때문에
여호와께 부르짖으매 그가 그들
의 고통에서 그들을 인도하여 내
시고
29 광풍을 고요하게 하사 물결도 잔
잔하게 하시는도다
30 그들이 평온함으로 말미암아 기
뻐하는 중에 여호와께서 그들이
바라는 항구로 인도하시는도다
31 여호와의 인자하심과 인생에게
행하신 기적으로 말미암아 그를
찬송할지로다
32 백성의 모임에서 그를 높이며 장
로들의 자리에서 그를 찬송할지
로다
33 여호와께서는 강이 변하여 광야
가 되게 하시며 샘이 변하여 마른
땅이 되게 하시며
34 그 주민의 악으로 말미암아 옥토
가 변하여 염전이 되게 하시며

28

29

30

31

32

33

34

35 또 광야가 변하여 못이 되게 하시
며 마른 땅이 변하여 샘물이 되게
하시고
36 주린 자들로 거기에 살게 하사 그
들이 거주할 성읍을 준비하게 하
시고
37 밭에 파종하며 포도원을 재배하
여 풍성한 소출을 거두게 하시며
38 또 복을 주사 그들이 크게 번성하
게 하시고 그의 가축이 감소하지
아니하게 하실지라도
39 다시 압박과 재난과 우환을 통하
여 그들의 수를 줄이시며 낮추시
는도다
40 여호와께서 고관들에게는 능욕
을 쏟아 부으시고 길 없는 황야에
서 유리하게 하시나
41 궁핍한 자는 그의 고통으로부터
건져 주시고 그의 가족을 양 떼
같이 지켜 주시나니

35

36

37

38

39

40

41

42 정직한 자는 보고 기뻐하며 모든
사악한 자는 자기 입을 봉하리
로다
43 지혜 있는 자들은 이러한 일들을
지켜 보고 여호와의 인자하심을
깨달으리로다

42

43

시편으로 드리는 기도 내 인생의 주인이신 하나님,
제 삶이 순풍에 돛을 단 것처럼 형통할 때도, 헤아릴 수 없는 깊은 절망 가운데 있을 때도,
하나님이 제 삶의 주권자임을 잊지 않게 하소서.

말씀 적용하기

DATE . . .

제108편

하나님이 택한 백성을 대적에게서
구원하실 거라는 확신을 가지고 찬양하는 다윗의 시입니다.

다윗의 찬송 시

1 하나님이여 내 마음을 정하였사오니 내가 노래하며 나의 마음을 다하여 찬양하리로다

2 비파야, 수금아, 깰지어다 내가 새벽을 깨우리로다

3 여호와여 내가 만민 중에서 주께 감사하고 뭇 나라 중에서 주를 찬양하오리니

4 주의 인자하심이 하늘보다 높으시며 주의 진실은 궁창에까지 이르나이다

5 하나님이여 주는 하늘 위에 높이 들리시며 주의 영광이 온 땅에서 높임 받으시기를 원하나이다

다윗의 찬송 시

1

2

3

4

5

6 주께서 사랑하시는 자들을 건지
시기 위하여 우리에게 응답하사
오른손으로 구원하소서
7 하나님이 그의 성소에서 말씀하
시되 내가 기뻐하리라 내가 세겜
을 나누며 숙곳 골짜기를 측량하
리라
8 길르앗이 내 것이요 므낫세도 내
것이며 에브라임은 내 머리의 투
구요 유다는 나의 규이며
9 모압은 내 목욕통이라 에돔에는
내 신발을 벗어 던질지며 블레셋
위에서 내가 외치리라 하셨도다
10 누가 나를 이끌어 견고한 성읍으
로 인도해 들이며 누가 나를 에돔
으로 인도할꼬
11 하나님이여 주께서 우리를 버리지
아니하셨나이까 하나님이여 주께
서 우리의 군대들과 함께 나아가
지 아니하시나이다

6

7

8

9

10

11

12 우리를 도와 대적을 치게 하소서
사람의 구원은 헛됨이니이다
13 우리가 하나님을 의지하고 용감
히 행하리니 그는 우리의 대적들
을 밟으실 자이심이로다

12

13

시편으로 드리는 기도 우리 기도에 신실하게 응답하시는 하나님,
때로 우리 믿음과 정반대의 일이 일어날지라도
하나님이 선하신 뜻을 이루실 것을 믿게 하소서.

말씀 적용하기

제109편

일생 동안 악인의 수많은 비방과 고통에 시달린
다윗이 의분을 토로하며,
하나님의 공의의 심판을 간구합니다.

다윗의 시, 인도자를 따라 부르는 노래

1 내가 찬양하는 하나님이여 잠잠하지 마옵소서

2 그들이 악한 입과 거짓된 입을 열어 나를 치며 속이는 혀로 내게 말하며

3 또 미워하는 말로 나를 두르고 까닭 없이 나를 공격하였음이니이다

4 나는 사랑하나 그들은 도리어 나를 대적하니 나는 기도할 뿐이라

5 그들이 악으로 나의 선을 갚으며 미워함으로 나의 사랑을 갚았사오니

다윗의 시, 인도자를 따라 부르는 노래

1

2

3

4

5

DATE . . .

6 악인이 그를 다스리게 하시며 [1]사
탄이 그의 오른쪽에 서게 하소서
7 그가 심판을 받을 때에 죄인이 되
어 나오게 하시며 그의 기도가 죄
로 변하게 하시며
8 그의 연수를 짧게 하시며 그의 직
분을 타인이 빼앗게 하시며
9 그의 자녀는 고아가 되고 그의
아내는 과부가 되며
10 그의 자녀들은 유리하며 구걸하
고 그들의 황폐한 집을 떠나 빌어
먹게 하소서
11 고리대금하는 자가 그의 소유를
다 빼앗게 하시며 그가 수고한 것
을 낯선 사람이 탈취하게 하시며
12 그에게 인애를 베풀 자가 없게 하
시며 그의 고아에게 은혜를 베풀
자도 없게 하시며

6

7

8

9

10

11

12

1 송사하는 자

13 그의 자손이 끊어지게 하시며 후
대에 그들의 이름이 지워지게 하
소서
14 여호와는 그의 조상들의 죄악을
기억하시며 그의 어머니의 죄를
지워 버리지 마시고
15 그 죄악을 항상 여호와 앞에 있게
하사 그들의 기억을 땅에서 끊으
소서
16 그가 인자를 베풀 일을 생각하지
아니하고 가난하고 궁핍한 자와
마음이 상한 자를 핍박하여 죽이
려 하였기 때문이니이다
17 그가 저주하기를 좋아하더니 그
것이 자기에게 임하고 축복하기
를 기뻐하지 아니하더니 복이 그
를 멀리 떠났으며
18 또 저주하기를 옷 입듯 하더니 저
주가 물 같이 그의 몸 속으로 들
어가며 기름 같이 그의 뼈 속으로
들어갔나이다

13

14

15

16

17

18

19 저주가 그에게는 입는 옷 같고 항
상 띠는 띠와 같게 하소서
20 이는 나의 대적들이 곧 내 영혼을
대적하여 악담하는 자들이 여호
와께 받는 보응이니이다
21 그러나 주 여호와여 주의 이름으
로 말미암아 나를 선대하소서 주
의 인자하심이 선하시오니 나를
건지소서
22 나는 가난하고 궁핍하여 나의 중
심이 상함이니이다
23 나는 석양 그림자 같이 지나가고
또 메뚜기 같이 불려 가오며
24 금식하므로 내 무릎이 흔들리고
내 육체는 수척하오며
25 나는 또 그들의 비방거리라 그들
이 나를 보면 머리를 흔드나이다
26 여호와 나의 하나님이여 나를 도
우시며 주의 인자하심을 따라 나
를 구원하소서

27 이것이 주의 손이 하신 일인 줄을
그들이 알게 하소서 주 여호와께
서 이를 행하셨나이다
28 그들은 내게 저주하여도 주는 내
게 복을 주소서 그들은 일어날 때
에 수치를 당할지라도 주의 종은
즐거워하리이다
29 나의 대적들이 욕을 옷 입듯 하게
하시며 자기 수치를 겉옷 같이 입
게 하소서
30 내가 입으로 여호와께 크게 감사
하며 많은 사람 중에서 찬송하리니
31 그가 궁핍한 자의 오른쪽에 서사
그의 영혼을 심판하려 하는 자들
에게서 구원하실 것임이로다

27

28

29

30

31

시편으로 드리는 기도 선하고 자비로우신 하나님,
선한 행동이 뜻하지 않게 비난받을지라도 악을 동원하여 악을 이기려 하지 않게 하소서.
선하신 하나님만 의지합니다.

말씀 적용하기

제110편

만왕의 왕이요 대제사장인 그리스도께서
장차 메시아 왕국을 세운다는 메시아 예언시입니다.

다윗의 시

1 여호와께서 내 주에게 말씀하시
기를 내가 네 원수들로 네 발판이
되게 하기까지 너는 내 오른쪽에
앉아 있으라 하셨도다
2 여호와께서 시온에서부터 [1]주의
권능의 규를 내보내시리니 주는
원수들 중에서 다스리소서
3 주의 권능의 날에 주의 백성이 거
룩한 옷을 입고 즐거이 헌신하니
새벽 이슬 같은 주의 청년들이 주
께 나오는도다

다윗의 시

1

2

3

1 힘의 지팡이를 나타내시리니

4 여호와는 맹세하고 변하지 아니
하시리라 이르시기를 너는 멜기세
덱의 서열을 따라 영원한 제사장
이라 하셨도다

5 주의 오른쪽에 계신 주께서 그의
노하시는 날에 왕들을 쳐서 깨뜨
리실 것이라

6 뭇 나라를 심판하여 시체로 가득
하게 하시고 여러 나라의 머리를
쳐서 깨뜨리시며

7 길 가의 시냇물을 마시므로 그의
머리를 드시리로다

4

5

6

7

시편으로 드리는 기도 사랑이 많으신 하나님, 우리를 위해 예수 그리스도를 보내주시고,
마지막 때 다시 오실 메시아를 기대하게 하시니 감사합니다.
주님의 통치와 심판이 이 땅에 이루어지게 하소서.

말씀 적용하기

제111편

역사 속에 드러난 하나님의 권능과
이스라엘 백성에 대한 하나님의 사랑을 찬양하는 내용입니다.

1 [1]할렐루야, 내가 정직한 자들의
모임과 회중 가운데에서 전심으
로 여호와께 감사하리로다
2 여호와께서 행하시는 일들이 크
시오니 이를 즐거워하는 자들이
다 기리는도다
3 그의 행하시는 일이 존귀하고 엄
위하며 그의 의가 영원히 서 있
도다
4 그의 기적을 사람이 기억하게 하
셨으니 여호와는 은혜로우시고
자비로우시도다
5 여호와께서 자기를 경외하는 자
들에게 양식을 주시며 그의 언약
을 영원히 기억하시리로다

1
2
3
4
5

1 여호와를 찬송하라

6 그가 그들에게 뭇 나라의 기업을
주사 그가 행하시는 일의 능력을
그들에게 알리셨도다
7 그의 손이 하는 일은 진실과 정의
이며 그의 법도는 다 확실하니
8 영원무궁토록 정하신 바요 진실
과 정의로 행하신 바로다
9 여호와께서 그의 백성을 속량하
시며 그의 언약을 영원히 세우셨
으니 그의 이름이 거룩하고 지존
하시도다
10 여호와를 경외함이 지혜의 근본이
라 그의 계명을 지키는 자는 다 훌
륭한 지각을 가진 자이니 여호와
를 찬양함이 영원히 계속되리로다

6

7

8

9

10

시편으로 드리는 기도 내 주인 되신 하나님, 제가 걸어온 인생이 하나님의 인도하심으로 살아온 여정임을 고백합니다. 하나님 홀로 영광 받으시고, 언제나 하나님을 높이며 살게 하소서.

말씀 적용하기

제112편

하나님을 경외하는 자가 받을 복과
악인의 비참한 종말을 경고하는 지혜시입니다.

1 [1]할렐루야, 여호와를 경외하며 1
그의 계명을 크게 즐거워하는 자
는 복이 있도다
2 그의 후손이 땅에서 강성함이여 2
정직한 자들의 후손에게 복이 있
으리로다
3 부와 재물이 그의 집에 있음이 3
여 그의 공의가 영구히 서 있으리
로다
4 정직한 자들에게는 흑암 중에 빛 4
이 일어나나니 그는 자비롭고 긍
휼이 많으며 의로운 이로다
5 은혜를 베풀며 꾸어 주는 자는 잘 5
되나니 그 [2]일을 정의로 행하리
로다

1 여호와를 찬송하라
2 재판에 이기리라

6 그는 영원히 흔들리지 아니함이여
의인은 영원히 기억되리로다
7 그는 흉한 소문을 두려워하지 아
니함이여 여호와를 의뢰하고 그
의 마음을 굳게 정하였도다
8 그의 마음이 견고하여 두려워하
지 아니할 것이라 그의 대적들이
받는 보응을 마침내 보리로다
9 그가 재물을 흩어 빈궁한 자들에게
주었으니 그의 의가 영구히 있고
그의 뿔이 영광 중에 들리리로다
10 악인은 이를 보고 한탄하여 이를
갈면서 소멸되리니 악인들의 욕망
은 사라지리로다

6

7

8

9

10

시편으로 드리는 기도 공급자 되시는 하나님, 제게 복으로 주신 부요함이 제게만 유익이 되는 것이 아니라, 다른 사람을 살리는 은혜의 통로가 되게 하소서.

말씀 적용하기

DATE . . .

제113편

하나님은 시공을 초월하시는 분이지만,
동시에 인간 역사 속에 내재하시어 소외된 자들의 필요를 채우십니다.

1 [1]할렐루야, 여호와의 종들아 1
찬양하라 여호와의 이름을 찬양
하라
2 이제부터 영원까지 여호와의 이 2
름을 찬송할지로다
3 해 돋는 데에서부터 해 지는 데에 3
까지 여호와의 이름이 찬양을 받
으시리로다
4 여호와는 모든 나라보다 높으시 4
며 그의 영광은 하늘보다 높으시
도다
5 여호와 우리 하나님과 같은 이가 5
누구리요 높은 곳에 앉으셨으나
6 스스로 낮추사 천지를 살피시고 6

1 여호와를 찬송하라

7 가난한 자를 먼지 더미에서 일으
키시며 궁핍한 자를 거름 더미에
서 들어 세워
8 지도자들 곧 그의 백성의 지도자
들과 함께 세우시며
9 또 임신하지 못하던 여자를 집에
살게 하사 자녀들을 즐겁게 하는
어머니가 되게 하시는도다 [1]할렐
루야

7

8

9

시편으로 드리는 기도 내 삶의 주인이신 하나님, 오늘도 동행해 주시니 감사합니다. 나와 함께하심을 은혜 중 은혜로 알고 늘 감사와 찬양을 드리는 삶이 되게 하소서.

말씀 적용하기

1 여호와를 찬송하라

제114편

출애굽에서부터 가나안 입성까지
이스라엘 역사를 간략하게 회고하면서 하나님의 권능을 찬양합니다.

1 이스라엘이 애굽에서 나오며 야곱의 집안이 언어가 다른 민족에게서 나올 때에 1

2 유다는 여호와의 성소가 되고 이스라엘은 그의 영토가 되었도다 2

3 바다가 보고 도망하며 요단은 물러갔으니 3

4 산들은 숫양들 같이 뛰놀며 작은 산들은 어린 양들 같이 뛰었도다 4

5 바다야 네가 도망함은 어찌함이며 요단아 네가 물러감은 어찌함인가 5

6 너희 산들아 숫양들 같이 뛰놀며 작은 산들아 어린 양들 같이 뛰놂은 어찌함인가 6

7 땅이여 너는 주 앞 곧 야곱의 하
나님 앞에서 떨지어다
8 그가 반석을 쳐서 못물이 되게
하시며 차돌로 샘물이 되게 하셨
도다

7

8

시편으로 드리는 기도 찬양받기에 합당하신 하나님, 존재하는 모든 것이
하나님의 은혜임을 기억하여 날마다 하나님을 찬양하게 하소서.
오직 하나님만 경배하게 하소서.

말씀 적용하기

제115편

하나님의 전능하심과 이방 우상의 무능함을 대조함으로써,
하나님을 의지하는 자들이 받을 복을 선언합니다.

1 여호와여 영광을 우리에게 돌리 1
지 마옵소서 우리에게 돌리지 마
옵소서 오직 주는 인자하시고 진
실하시므로 주의 이름에만 영광
을 돌리소서
2 어찌하여 뭇 나라가 그들의 하나 2
님이 이제 어디 있느냐 말하게 하
리이까
3 오직 우리 하나님은 하늘에 계셔 3
서 원하시는 모든 것을 행하셨나
이다
4 그들의 우상들은 은과 금이요 사 4
람이 손으로 만든 것이라
5 입이 있어도 말하지 못하며 눈이 5
있어도 보지 못하며

6 귀가 있어도 듣지 못하며 코가 있
어도 냄새 맡지 못하며
7 손이 있어도 만지지 못하며 발이
있어도 걷지 못하며 목구멍이 있
어도 작은 소리조차 내지 못하느
니라
8 우상들을 만드는 자들과 그것을
의지하는 자들이 다 그와 같으리
로다
9 이스라엘아 여호와를 의지하라
그는 너희의 도움이시요 너희의
방패시로다
10 아론의 집이여 여호와를 의지하
라 그는 너희의 도움이시요 너희
의 방패시로다
11 여호와를 경외하는 자들아 너희
는 여호와를 의지하여라 그는 너
희의 도움이시요 너희의 방패시
로다

6

7

8

9

10

11

12 여호와께서 우리를 생각하사 복
을 주시되 이스라엘 집에도 복을
주시고 아론의 집에도 복을 주
시며
13 높은 사람이나 낮은 사람을 막론
하고 여호와를 경외하는 자들에
게 복을 주시리로다
14 여호와께서 너희를 곧 너희와 너
희의 자손을 더욱 번창하게 하시
기를 원하노라
15 너희는 천지를 지으신 여호와께
복을 받는 자로다
16 하늘은 여호와의 하늘이라도 땅
은 사람에게 주셨도다
17 죽은 자들은 여호와를 찬양하지
못하나니 적막한 데로 내려가는
자들은 아무도 찬양하지 못하리
로다

12

13

14

15

16

17

18 우리는 이제부터 영원까지 여호
와를 송축하리로다 [1]할렐루야

18

시편으로 드리는 기도 창조주 되신 하나님, 어떤 환경에 놓일지라도
하나님이 주실 복을 기대하게 하소서.
주님을 항상 신뢰하고, 찬양을 멈추지 않게 하소서.

말씀 적용하기

1 여호와를 찬송하라

제116편

시인은 위기 상황에서 하나님이 건져주신 것을 찬양하며
감사제 드릴 것을 서원합니다. 본 시는 감사시로 분류됩니다.

1 여호와께서 내 음성과 내 간구를 1
들으시므로 내가 그를 사랑하는
도다
2 그의 귀를 내게 기울이셨으므로 2
내가 평생에 기도하리로다
3 사망의 줄이 나를 두르고 스올의 3
고통이 내게 이르므로 내가 환난
과 슬픔을 만났을 때에
4 내가 여호와의 이름으로 기도하 4
기를 여호와여 주께 구하오니 내
영혼을 건지소서 하였도다
5 여호와는 은혜로우시며 의로우시 5
며 우리 하나님은 긍휼이 많으시
도다

6 여호와께서는 순진한 자를 지키
시나니 내가 어려울 때에 나를 구
원하셨도다
7 내 영혼아 네 평안함으로 돌아갈
지어다 여호와께서 너를 후대하
심이로다
8 주께서 내 영혼을 사망에서, 내
눈을 눈물에서, 내 발을 넘어짐에
서 건지셨나이다
9 내가 생명이 있는 땅에서 여호와
앞에 행하리로다
10 내가 크게 고통을 당하였다고 말
할 때에도 나는 믿었도다
11 내가 놀라서 이르기를 모든 사람
이 거짓말쟁이라 하였도다
12 내게 주신 모든 은혜를 내가 여호
와께 무엇으로 보답할까
13 내가 구원의 잔을 들고 여호와의
이름을 부르며

6

7

8

9

10

11

12

13

14 여호와의 모든 백성 앞에서 나
는 나의 서원을 여호와께 갚으
리로다
15 그의 경건한 자들의 죽음은 여
호와께서 보시기에 귀중한 것이
로다
16 여호와여 나는 진실로 주의 종이
요 주의 여종의 아들 곧 주의 종
이라 주께서 나의 결박을 푸셨나
이다
17 내가 주께 감사제를 드리고 여호
와의 이름을 부르리이다
18 내가 여호와께 서원한 것을 그의
모든 백성이 보는 앞에서 내가 지
키리로다

14

15

16

17

18

19 예루살렘아, 네 한가운데에서 곧
여호와의 성전 뜰에서 지키리로다
할렐루야[1]

19

시편으로 드리는 기도 나의 힘이 되신 하나님, 인생 여정 중에 좋은 날뿐 아니라
지치고 힘든 순간에도 믿음을 놓지 않게 하소서.
오히려 그 어려움을 통해 하나님을 온전히 경험하게 하소서.

말씀 적용하기

1 여호와를 찬송하라

제117편

나라와 민족을 초월해 모두 하나님의 사랑과 신실하심을
찬양하자고 초대하는 찬양시입니다.

1 너희 모든 나라들아 여호와를 찬
양하며 너희 모든 백성들아 그를
찬송할지어다
2 우리에게 향하신 여호와의 인자
하심이 크시고 여호와의 진실하심
이 영원함이로다 [1]할렐루야

1

2

시편으로 드리는 기도 우리가 하나님을 알기 전부터 우리의 구원을 계획하신 하나님,
주님의 열방을 향한 선교의 마음을 우리에게도 허락하소서.
세계가 하나님을 찬양하며 복음을 아는 일에 헌신하게 하소서.

말씀 적용하기

1 여호와를 찬송하라

제118편

다윗이 하나님의 인자하심으로 역경 가운데서 구원받고
전쟁에서 승리하게 되었음을 찬양하는 감사시입니다.

1 여호와께 감사하라 그는 선하시
며 그의 인자하심이 영원함이로다
2 이제 이스라엘은 말하기를 그의
인자하심이 영원하다 할지로다
3 이제 아론의 집은 말하기를 그의
인자하심이 영원하다 할지로다
4 이제 여호와를 경외하는 자는 말
하기를 그의 인자하심이 영원하
다 할지로다
5 내가 고통 중에 여호와께 부르
짖었더니 여호와께서 응답하시고
나를 넓은 곳에 세우셨도다
6 여호와는 내 편이시라 내가 두려
워하지 아니하리니 사람이 내게
어찌할까

7 여호와께서 내 편이 되사 나를 돕
는 자들 중에 계시니 그러므로 나
를 미워하는 자들에게 보응하시
는 것을 내가 보리로다
8 여호와께 피하는 것이 사람을 신
뢰하는 것보다 나으며
9 여호와께 피하는 것이 고관들을
신뢰하는 것보다 낫도다
10 뭇 나라가 나를 에워쌌으니 내가
여호와의 이름으로 그들을 끊으
리로다
11 그들이 나를 에워싸고 에워쌌으
니 내가 여호와의 이름으로 그들
을 끊으리로다
12 그들이 벌들처럼 나를 에워쌌으
나 가시덤불의 불 같이 타 없어졌
나니 내가 여호와의 이름으로 그
들을 끊으리로다
13 너는 나를 밀쳐 넘어뜨리려 하였
으나 여호와께서는 나를 도우셨
도다

7

8

9

10

11

12

13

14 여호와는 나의 능력과 찬송이시
요 또 나의 구원이 되셨도다
15 의인들의 장막에는 기쁜 소리, 구
원의 소리가 있음이여 여호와의
오른손이 권능을 베푸시며
16 여호와의 오른손이 높이 들렸으
며 여호와의 오른손이 권능을 베
푸시는도다
17 내가 죽지 않고 살아서 여호와께
서 하시는 일을 선포하리로다
18 여호와께서 나를 심히 경책하셨
어도 죽음에는 넘기지 아니하셨
도다
19 내게 의의 문들을 열지어다 내가
그리로 들어가서 여호와께 감사
하리로다
20 이는 여호와의 문이라 의인들이
그리로 들어가리로다
21 주께서 내게 응답하시고 나의 구
원이 되셨으니 내가 주께 감사하
리이다

14

15

16

17

18

19

20

21

22 건축자가 버린 돌이 집 모퉁이의
머릿돌이 되었나니
23 이는 여호와께서 행하신 것이요
우리 눈에 기이한 바로다
24 이 날은 여호와께서 [1]정하신 것이
라 이 날에 우리가 즐거워하고 기
뻐하리로다
25 여호와여 구하옵나니 이제 구원
하소서 여호와여 우리가 구하옵
나니 이제 형통하게 하소서
26 여호와의 이름으로 오는 자가 복
이 있음이여 우리가 여호와의 집
에서 너희를 축복하였도다
27 여호와는 하나님이시라 그가 우
리에게 빛을 비추셨으니 밧줄로
절기 제물을 제단 뿔에 맬지어다
28 주는 나의 하나님이시라 내가 주
께 감사하리이다 주는 나의 하나
님이시라 내가 주를 높이리이다

22

23

24

25

26

27

28

1 지으신 날

29 여호와께 감사하라 그는 선하시
며 그의 인자하심이 영원함이로다

29

시편으로 드리는 기도 내 힘이요 구원과 찬송이신 하나님,
어떤 상황에서도 낙심하지 않고 그 가운데서 만날 하나님을 기대하게 하소서.

말씀 적용하기

제119편

하나님의 말씀을 삶의 푯대로 삼아 거룩하고 정직한 삶을 살아야 함을 교훈하는 시로
시편 1편, 19편과 더불어 유명한 율법(토라) 찬미시입니다.
히브리어의 22개 알파벳 순서에 따라 각각 8절씩 할애해 지었습니다. 총 176절입니다.

1 행위가 온전하여 여호와의 율법을 따라 행하는 자들은 복이 있음이여

2 여호와의 증거들을 지키고 전심으로 여호와를 구하는 자는 복이 있도다

3 참으로 그들은 불의를 행하지 아니하고 주의 도를 행하는도다

4 주께서 명령하사 주의 법도를 잘 지키게 하셨나이다

5 내 길을 굳게 정하사 주의 율례를 지키게 하소서

6 내가 주의 모든 계명에 주의할 때에는 부끄럽지 아니하리이다

7 내가 주의 의로운 판단을 배울
때에는 정직한 마음으로 주께 감
사하리이다
8 내가 주의 율례들을 지키오리니
나를 아주 버리지 마옵소서
9 청년이 무엇으로 그의 행실을 깨
끗하게 하리이까 주의 말씀만 지
킬 따름이니이다
10 내가 전심으로 주를 찾았사오니
주의 계명에서 떠나지 말게 하
소서
11 내가 주께 범죄하지 아니하려 하
여 주의 말씀을 내 마음에 두었나
이다
12 찬송을 받으실 주 여호와여 주의
율례들을 내게 가르치소서
13 주의 입의 모든 규례들을 나의 입
술로 선포하였으며
14 내가 모든 재물을 즐거워함 같이
주의 증거들의 도를 즐거워하였
나이다

7

8

9

10

11

12

13

14

15 내가 주의 법도들을 작은 소리로
읊조리며 주의 길들에 주의하며
16 주의 율례들을 즐거워하며 주의
말씀을 잊지 아니하리이다
17 주의 종을 후대하여 살게 하소서
그리하시면 주의 말씀을 지키리
이다
18 내 눈을 열어서 주의 율법에서 놀
라운 것을 보게 하소서
19 나는 땅에서 나그네가 되었사오
니 주의 계명들을 내게 숨기지 마
소서
20 주의 규례들을 항상 사모함으로
내 마음이 상하나이다
21 교만하여 저주를 받으며 주의 계
명들에서 떠나는 자들을 주께서
꾸짖으셨나이다
22 내가 주의 교훈들을 지켰사오니
비방과 멸시를 내게서 떠나게 하
소서

15

16

17

18

19

20

21

22

23 고관들도 앉아서 나를 비방하였
사오나 주의 종은 주의 율례들을
작은 소리로 읊조렸나이다
24 주의 증거들은 나의 즐거움이요
나의 충고자니이다
25 내 영혼이 진토에 붙었사오니 주
의 말씀대로 나를 살아나게 하
소서
26 내가 나의 행위를 아뢰매 주께서
내게 응답하셨사오니 주의 율례
들을 내게 가르치소서
27 나에게 주의 법도들의 길을 깨닫
게 하여 주소서 그리하시면 내가
주의 기이한 일들을 작은 소리로
읊조리리이다
28 나의 영혼이 눌림으로 말미암아
녹사오니 주의 말씀대로 나를 세
우소서
29 거짓 행위를 내게서 떠나게 하시
고 주의 법을 내게 은혜로이 베푸
소서

23

24

25

26

27

28

29

30 내가 성실한 길을 택하고 주의 규 30
례들을 내 앞에 두었나이다
31 내가 주의 증거들에 매달렸사오 31
니 여호와여 내가 수치를 당하지
말게 하소서
32 주께서 내 마음을 넓히시면 내 32
가 주의 계명들의 길로 달려가리
이다
33 여호와여 주의 율례들의 도를 내 33
게 가르치소서 내가 끝까지 지키
리이다
34 나로 하여금 깨닫게 하여 주소서 34
내가 주의 법을 준행하며 전심으
로 지키리이다
35 나로 하여금 주의 계명들의 길로 35
행하게 하소서 내가 이를 즐거워
함이니이다
36 내 마음을 주의 증거들에게 향하 36
게 하시고 탐욕으로 향하지 말게
하소서

37 내 눈을 돌이켜 허탄한 것을 보지
말게 하시고 주의 길에서 나를 살
아나게 하소서
38 주를 경외하게 하는 주의 말씀을
주의 종에게 세우소서
39 내가 두려워하는 비방을 내게서
떠나게 하소서 주의 규례들은 선
하심이니이다
40 내가 주의 법도들을 사모하였사
오니 주의 의로 나를 살아나게 하
소서
41 여호와여 주의 말씀대로 주의 인
자하심과 주의 구원을 내게 임하
게 하소서
42 그리하시면 내가 나를 비방하는
자들에게 대답할 말이 있사오리
니 내가 주의 말씀을 의지함이니
이다
43 진리의 말씀이 내 입에서 조금도
떠나지 말게 하소서 내가 주의 규
례를 바랐음이니이다

37

38

39

40

41

42

43

44 내가 주의 율법을 항상 지키리이
다 영원히 지키리이다
45 내가 주의 법도들을 구하였사오
니 자유롭게 걸어갈 것이오며
46 또 왕들 앞에서 주의 교훈들을
말할 때에 수치를 당하지 아니하
겠사오며
47 내가 사랑하는 주의 계명들을 스
스로 즐거워하며
48 또 내가 사랑하는 주의 계명들을
향하여 내 손을 들고 주의 율례
들을 작은 소리로 읊조리리이다
49 주의 종에게 하신 말씀을 기억하
소서 주께서 내게 소망을 가지게
하셨나이다
50 이 말씀은 나의 고난 중의 위로
라 주의 말씀이 나를 살리셨기 때
문이니이다
51 교만한 자들이 나를 심히 조롱하
였어도 나는 주의 법을 떠나지 아
니하였나이다

44

45

46

47

48

49

50

51

52 여호와여 주의 옛 규례들을 내가
기억하고 스스로 위로하였나이다
53 주의 율법을 버린 악인들로 말미
암아 내가 맹렬한 분노에 사로잡
혔나이다
54 내가 나그네 된 집에서 주의 율례
들이 나의 노래가 되었나이다
55 여호와여 내가 밤에 주의 이름을
기억하고 주의 법을 지켰나이다
56 내 소유는 이것이니 곧 주의 법도
들을 지킨 것이니이다
57 여호와는 나의 분깃이시니 나는
주의 말씀을 지키리라 하였나
이다
58 내가 전심으로 주께 간구하였사
오니 주의 말씀대로 내게 은혜를
베푸소서
59 내가 내 행위를 생각하고 주의
증거들을 향하여 내 발길을 돌이
켰사오며

52

53

54

55

56

57

58

59

60 주의 계명들을 지키기에 신속히
하고 지체하지 아니하였나이다
61 악인들의 줄이 내게 두루 얽혔을
지라도 나는 주의 법을 잊지 아니
하였나이다
62 내가 주의 의로운 규례들로 말미
암아 밤중에 일어나 주께 감사하
리이다
63 나는 주를 경외하는 모든 자들과
주의 법도들을 지키는 자들의 친
구라
64 여호와여 주의 인자하심이 땅에
충만하였사오니 주의 율례들로
나를 가르치소서
65 여호와여 주의 말씀대로 주의 종
을 선대하셨나이다
66 내가 주의 계명들을 믿었사오니
좋은 명철과 지식을 내게 가르치
소서

60

61

62

63

64

65

66

67 고난 당하기 전에는 내가 그릇 행
하였더니 이제는 주의 말씀을 지
키나이다

68 주는 선하사 선을 행하시오니 주
의 율례들로 나를 가르치소서

69 교만한 자들이 거짓을 지어 나를
치려 하였사오나 나는 전심으로
주의 법도들을 지키리이다

70 그들의 마음은 [1]살져서 기름덩이
같으나 나는 주의 법을 즐거워하
나이다

71 고난 당한 것이 내게 유익이라 이
로 말미암아 내가 주의 율례들을
배우게 되었나이다

72 주의 입의 법이 내게는 천천 금은
보다 좋으니이다

73 주의 손이 나를 만들고 세우셨사
오니 내가 깨달아 주의 계명들을
배우게 하소서

67

68

69

70

71

72

73

1 마음이 둔하여 기름에 잠김 같으나

74 주를 경외하는 자들이 나를 보고
기뻐하는 것은 내가 주의 말씀을
바라는 까닭이니이다
75 여호와여 내가 알거니와 주의 심
판은 의로우시고 주께서 나를 괴
롭게 하심은 성실하심 때문이니
이다
76 구하오니 주의 종에게 하신 말씀
대로 주의 인자하심이 나의 위안
이 되게 하시며
77 주의 긍휼히 여기심이 내게 임하
사 내가 살게 하소서 주의 법은
나의 즐거움이니이다
78 교만한 자들이 거짓으로 나를 엎
드러뜨렸으니 그들이 수치를 당
하게 하소서 나는 주의 법도들을
작은 소리로 읊조리리이다
79 주를 경외하는 자들이 내게 돌아
오게 하소서 그리하시면 그들이
주의 증거들을 알리이다

74

75

76

77

78

79

80 내 마음으로 주의 율례들에 완전
하게 하사 내가 수치를 당하지 아
니하게 하소서

81 나의 영혼이 주의 구원을 사모하
기에 피곤하오나 나는 주의 말씀
을 바라나이다

82 나의 말이 주께서 언제나 나를 안
위하실까 하면서 내 눈이 주의 말
씀을 바라기에 피곤하니이다

83 내가 연기 속의 가죽 부대 같이
되었으나 주의 율례들을 잊지 아
니하나이다

84 주의 종의 날이 얼마나 되나이까
나를 핍박하는 자들을 주께서 언
제나 심판하시리이까

85 주의 법을 따르지 아니하는 교만
한 자들이 나를 해하려고 웅덩이
를 팠나이다

86 주의 모든 계명들은 신실하니이
다 그들이 이유 없이 나를 핍박하
오니 나를 도우소서

80

81

82

83

84

85

86

87 그들이 나를 세상에서 거의 멸하
였으나 나는 주의 법도들을 버리
지 아니하였사오니
88 주의 인자하심을 따라 나를 살아
나게 하소서 그리하시면 주의 입
의 교훈들을 내가 지키리이다
89 여호와여 주의 말씀은 영원히 하
늘에 굳게 섰사오며
90 주의 성실하심은 대대에 이르나
이다 주께서 땅을 세우셨으므로
땅이 항상 있사오니
91 천지가 주의 규례들대로 오늘까
지 있음은 만물이 주의 종이 된
까닭이니이다
92 주의 법이 나의 즐거움이 되지 아
니하였더면 내가 내 고난 중에 멸
망하였으리이다
93 내가 주의 법도들을 영원히 잊지
아니하오니 주께서 이것들 때문
에 나를 살게 하심이니이다

87

88

89

90

91

92

93

94 나는 주의 것이오니 나를 구원하
소서 내가 주의 법도들만을 찾았
나이다
95 악인들이 나를 멸하려고 엿보오
나 나는 주의 증거들만을 생각하
겠나이다
96 내가 보니 모든 완전한 것이 다
끝이 있어도 주의 계명들은 심히
넓으니이다
97 내가 주의 법을 어찌 그리 사랑하
는지요 내가 그것을 종일 작은 소
리로 읊조리나이다
98 주의 계명들이 항상 나와 함께 하
므로 그것들이 나를 원수보다 지
혜롭게 하나이다
99 내가 주의 증거들을 늘 읊조리므
로 나의 명철함이 나의 모든 스승
보다 나으며
100 주의 법도들을 지키므로 나의 명
철함이 노인보다 나으니이다

101 내가 주의 말씀을 지키려고 발을
금하여 모든 악한 길로 가지 아니
하였사오며
102 주께서 나를 가르치셨으므로 내
가 주의 규례들에서 떠나지 아니
하였나이다
103 주의 말씀의 맛이 내게 어찌 그
리 단지요 내 입에 꿀보다 더 다
니이다
104 주의 법도들로 말미암아 내가 명
철하게 되었으므로 모든 거짓 행
위를 미워하나이다
105 주의 말씀은 내 발에 등이요 내
길에 빛이니이다
106 주의 의로운 규례들을 지키기로
맹세하고 굳게 정하였나이다
107 나의 고난이 매우 심하오니 여호
와여 주의 말씀대로 나를 살아나
게 하소서

101

102

103

104

105

106

107

108 여호와여 구하오니 내 입이 드리
는 자원제물을 받으시고 주의 공
의를 내게 가르치소서
109 나의 생명이 항상 위기에 있사오
나 나는 주의 법을 잊지 아니하나
이다
110 악인들이 나를 해하려고 올무를
놓았사오나 나는 주의 법도들에
서 떠나지 아니하였나이다
111 주의 증거들로 내가 영원히 나의
기업을 삼았사오니 이는 내 마음
의 즐거움이 됨이니이다
112 내가 주의 율례들을 영원히 행하
려고 내 마음을 기울였나이다
113 내가 두 마음 품는 자들을 미워
하고 주의 법을 사랑하나이다
114 주는 나의 은신처요 방패시라 내
가 주의 말씀을 바라나이다
115 너희 행악자들이여 나를 떠날지
어다 나는 내 하나님의 계명들을
지키리로다

108

109

110

111

112

113

114

115

116 주의 말씀대로 나를 붙들어 살게
하시고 내 소망이 부끄럽지 않게
하소서
117 나를 붙드소서 그리하시면 내가
구원을 얻고 주의 율례들에 항상
주의하리이다
118 주의 율례들에서 떠나는 자는 주
께서 다 멸시하셨으니 그들의 속
임수는 허무함이니이다
119 주께서 세상의 모든 악인들을 찌
꺼기 같이 버리시니 그러므로 내
가 주의 증거들을 사랑하나이다
120 내 육체가 주를 두려워함으로 떨
며 내가 또 주의 심판을 두려워하
나이다
121 내가 정의와 공의를 행하였사오
니 나를 박해하는 자들에게 나를
넘기지 마옵소서
122 주의 종을 보증하사 복을 얻게
하시고 교만한 자들이 나를 박해
하지 못하게 하소서

116

117

118

119

120

121

122

123 내 눈이 주의 구원과 주의 의로
운 말씀을 사모하기에 피곤하니
이다
124 주의 인자하심대로 주의 종에게
행하사 내게 주의 율례들을 가르
치소서
125 나는 주의 종이오니 나를 깨닫게
하사 주의 증거들을 알게 하소서
126 그들이 주의 법을 폐하였사오니
지금은 여호와께서 일하실 때니
이다
127 그러므로 내가 주의 계명들을 금
곧 순금보다 더 사랑하나이다
128 그러므로 내가 범사에 모든 주의
법도들을 바르게 여기고 모든 거
짓 행위를 미워하나이다
129 주의 증거들은 놀라우므로 내 영
혼이 이를 지키나이다
130 주의 말씀을 열면 빛이 비치어 우
둔한 사람들을 깨닫게 하나이다

123

124

125

126

127

128

129

130

131 내가 주의 계명들을 사모하므로
내가 입을 열고 헐떡였나이다
132 주의 이름을 사랑하는 자들에게
베푸시던 대로 내게 돌이키사 내
게 은혜를 베푸소서
133 나의 발걸음을 주의 말씀에 굳게
세우시고 어떤 죄악도 나를 주관
하지 못하게 하소서
134 사람의 박해에서 나를 구원하소
서 그리하시면 내가 주의 법도들
을 지키리이다
135 주의 얼굴을 주의 종에게 비추시
고 주의 율례로 나를 가르치소서
136 그들이 주의 법을 지키지 아니하
므로 내 눈물이 시냇물 같이 흐르
나이다
137 여호와여 주는 의로우시고 주의
판단은 옳으니이다
138 주께서 명령하신 증거들은 의롭
고 지극히 성실하니이다

131

132

133

134

135

136

137

138

139 내 대적들이 주의 말씀을 잊어버
렸으므로 내 열정이 나를 삼켰나
이다
140 주의 말씀이 심히 순수하므로 주
의 종이 이를 사랑하나이다
141 내가 미천하여 멸시를 당하나 주
의 법도를 잊지 아니하였나이다
142 주의 의는 영원한 의요 주의 율법
은 진리로소이다
143 환난과 우환이 내게 미쳤으나 주
의 계명은 나의 즐거움이니이다
144 주의 증거들은 영원히 의로우시
니 나로 하여금 깨닫게 하사 살게
하소서
145 여호와여 내가 전심으로 부르짖
었사오니 내게 응답하소서 내가
주의 교훈들을 지키리이다
146 내가 주께 부르짖었사오니 나를
구원하소서 내가 주의 증거들을
지키리이다

139

140

141

142

143

144

145

146

147 내가 날이 밝기 전에 부르짖으며
주의 말씀을 바랐사오며
148 주의 말씀을 조용히 읊조리려고
내가 새벽녘에 눈을 떴나이다
149 주의 인자하심을 따라 내 소리를
들으소서 여호와여 주의 규례들
을 따라 나를 살리소서
150 악을 따르는 자들이 가까이 왔사
오니 그들은 주의 법에서 머니이다
151 여호와여 주께서 가까이 계시오
니 주의 모든 계명들은 진리니
이다
152 내가 전부터 주의 증거들을 알고
있었으므로 주께서 영원히 세우
신 것인 줄을 알았나이다
153 나의 고난을 보시고 나를 건지소
서 내가 주의 율법을 잊지 아니함
이니이다
154 주께서 나를 변호하시고 나를 구
하사 주의 말씀대로 나를 살리
소서

147

148

149

150

151

152

153

154

155 구원이 악인들에게서 멀어짐은 그들이 주의 율례들을 구하지 아니함이니이다

156 여호와여 주의 긍휼이 많으오니 주의 규례들에 따라 나를 살리소서

157 나를 핍박하는 자들과 나의 대적들이 많으나 나는 주의 증거들에서 떠나지 아니하였나이다

158 주의 말씀을 지키지 아니하는 거짓된 자들을 내가 보고 슬퍼하였나이다

159 내가 주의 법도들을 사랑함을 보옵소서 여호와여 주의 인자하심을 따라 나를 살리소서

160 주의 말씀의 강령은 진리이오니 주의 의로운 모든 규례들은 영원하리이다

161 고관들이 거짓으로 나를 핍박하오나 나의 마음은 주의 말씀만 경외하나이다

155

156

157

158

159

160

161

162 사람이 많은 탈취물을 얻은 것처
럼 나는 주의 말씀을 즐거워하나
이다
163 나는 거짓을 미워하며 싫어하고
주의 율법을 사랑하나이다
164 주의 의로운 규례들로 말미암아
내가 하루 일곱 번씩 주를 찬양하
나이다
165 주의 법을 사랑하는 자에게는 큰
평안이 있으니 그들에게 장애물
이 없으리이다
166 여호와여 내가 주의 구원을 바라
며 주의 계명들을 행하였나이다
167 내 영혼이 주의 증거들을 지켰사
오며 내가 이를 지극히 사랑하나
이다
168 내가 주의 법도들과 증거들을 지
켰사오니 나의 모든 행위가 주 앞
에 있음이니이다

162

163

164

165

166

167

168

169 여호와여 나의 부르짖음이 주의
앞에 이르게 하시고 주의 말씀대
로 나를 깨닫게 하소서
170 나의 간구가 주의 앞에 이르게
하시고 주의 말씀대로 나를 건지
소서
171 주께서 율례를 내게 가르치시므
로 내 입술이 주를 찬양하리이다
172 주의 모든 계명들이 의로우므로
내 혀가 주의 말씀을 노래하리
이다
173 내가 주의 법도들을 택하였사오
니 주의 손이 항상 나의 도움이
되게 하소서
174 여호와여 내가 주의 구원을 사모
하였사오며 주의 율법을 즐거워
하나이다
175 내 영혼을 살게 하소서 그리하시
면 주를 찬송하리이다 주의 규례
들이 나를 돕게 하소서

169

170

171

172

173

174

175

DATE . . .

176 잃은 양 같이 내가 방황하오니 주
의 종을 찾으소서 내가 주의 계명
들을 잊지 아니함이니이다

176

시편으로 드리는 기도 진리의 원천이신 하나님, 말씀에 대한 갈망을 주시고
눈을 열어 하나님 법의 신비함을 깨닫게 하소서.
그 말씀 안에서 한 걸음 한 걸음 걷게 하소서.

말씀 적용하기

제120편

120-134편은 포로생활에서 해방된 이스라엘인들이 순례할 때 성전을 향해 올라가면서 부른 시입니다.

성전에 올라가는 노래

1 내가 환난 중에 여호와께 부르짖
었더니 내게 응답하셨도다
2 여호와여 거짓된 입술과 속이는
혀에서 내 생명을 건져 주소서
3 너 속이는 혀여 무엇을 네게 주며
무엇을 네게 더할꼬
4 장사의 날카로운 화살과 로뎀 나
무 숯불이리로다
5 메섹에 머물며 게달의 장막 중에
머무는 것이 내게 화로다
6 내가 화평을 미워하는 자들과 함
께 오래 거주하였도다

성전에 올라가는 노래

1

2

3

4

5

6

7 나는 화평을 원할지라도 내가 말
할 때에 그들은 싸우려 하는도다

7

시편으로 드리는 기도 막힌 담을 허시고 화평케 하시는 하나님,
오늘도 만나는 모든 사람과 화평하게 하소서.
하나님을 신뢰함으로 원수를 미워하고, 악을 악으로 갚지 않도록 지켜주소서.

말씀 적용하기

제121편

인생의 모든 어려움을 이겨낼 근거인
하나님의 도우심과 그 내용을 구체적으로 열거합니다.

성전에 올라가는 노래

1 내가 산을 향하여 눈을 들리라 나
의 도움이 어디서 올까
2 나의 도움은 천지를 지으신 여호
와에게서로다
3 여호와께서 너를 실족하지 아니
하게 하시며 너를 지키시는 이가
졸지 아니하시리로다
4 이스라엘을 지키시는 이는 졸지
도 아니하시고 주무시지도 아니
하시리로다
5 여호와는 너를 지키시는 이시라
여호와께서 네 오른쪽에서 네 그
늘이 되시나니

성전에 올라가는 노래

1

2

3

4

5

DATE . . .

6 낮의 해가 너를 상하게 하지 아니
하며 밤의 달도 너를 해치지 아니
하리로다
7 여호와께서 너를 지켜 모든 환난
을 면하게 하시며 또 네 영혼을 지
키시리로다
8 여호와께서 너의 출입을 지금부
터 영원까지 지키시리로다

6

7

8

시편으로 드리는 기도 내 우편에서 그늘이 되어주시는 하나님,
마주하는 삶의 문제 앞에서 쓰러지는 것이 아니라,
천지를 지으신 하나님께로부터 도움이 온다는 믿음으로 승리하게 하소서.

말씀 적용하기

제122편

성전이 있는 예루살렘을 찬양하며,
그곳에 거하는 자들에게 평안과 형통이 있기를 간구합니다.

다윗의 시 곧 성전에 올라가는 노래

1 사람이 내게 말하기를 여호와의 집에 올라가자 할 때에 내가 기뻐하였도다

2 예루살렘아 우리 발이 네 성문 안에 섰도다

3 예루살렘아 너는 잘 짜여진 성읍과 같이 건설되었도다

4 지파들 곧 여호와의 지파들이 여호와의 이름에 감사하려고 이스라엘의 전례대로 그리로 올라가는도다

5 거기에 심판의 보좌를 두셨으니 곧 다윗의 집의 보좌로다

다윗의 시 곧 성전에 올라가는 노래

1

2

3

4

5

6 예루살렘을 위하여 평안을 구하
라 예루살렘을 사랑하는 자는 형
통하리로다
7 네 성 안에는 평안이 있고 네 궁
중에는 형통함이 있을지어다
8 내가 내 형제와 친구를 위하여 이
제 말하리니 네 가운데에 평안이
있을지어다
9 여호와 우리 하나님의 집을 위하
여 내가 너를 위하여 복을 구하리
로다

6

7

8

9

시편으로 드리는 기도 예배의 주인이신 하나님,
주일마다 드리는 예배의 고백이 살아있게 하시고,
하나님의 교회를 유익하게 하기 위해 언제나 기쁨으로 헌신하게 하소서.

말씀 적용하기

제123편

하나님의 택한 백성이 대적에게 멸시당하고 있음을 호소하며
하나님의 돌보심을 간구합니다.

성전에 올라가는 노래

1 하늘에 계시는 주여 내가 눈을 들
어 주께 향하나이다
2 상전의 손을 바라보는 종들의 눈
같이, 여주인의 손을 바라보는 여
종의 눈 같이 우리의 눈이 여호와
우리 하나님을 바라보며 우리에
게 은혜 베풀어 주시기를 기다리
나이다
3 여호와여 우리에게 은혜를 베푸
시고 또 은혜를 베푸소서 심한 멸
시가 우리에게 넘치나이다

성전에 올라가는 노래

1

2

3

4 안일한 자의 조소와 교만한 자의
멸시가 우리 영혼에 넘치나이다

4

시편으로 드리는 기도 내 창조주요 주권자이신 하나님,
세상에 순복하게 하려는 세력 앞에서 힘없이 쓰러지지 않게 하소서.
오직 하나님의 다스림을 받기 위해 기도하게 하소서.

말씀 적용하기

제124편

하나님의 도우심으로 사냥꾼의 올무에서 벗어난 새처럼
이스라엘이 구원과 승리를 얻었음을 찬양합니다.

다윗의 시 곧 성전에 올라가는 노래

1 이스라엘은 이제 말하기를 여호와께서 우리 편에 계시지 아니하셨더라면 우리가 어떻게 하였으랴

2 사람들이 우리를 치러 일어날 때에 여호와께서 우리 편에 계시지 아니하셨더라면

3 그 때에 그들의 노여움이 우리에게 맹렬하여 우리를 산 채로 삼켰을 것이며

4 그 때에 물이 우리를 휩쓸며 시내가 우리 영혼을 삼켰을 것이며

5 그 때에 넘치는 물이 우리 영혼을 삼켰을 것이라 할 것이로다

다윗의 시 곧 성전에 올라가는 노래

1

2

3

4

5

6 우리를 내주어 그들의 이에 씹히
지 아니하게 하신 여호와를 찬송
할지로다
7 우리의 영혼이 사냥꾼의 올무에
서 벗어난 새 같이 되었나니 올
무가 끊어지므로 우리가 벗어났
도다
8 우리의 도움은 천지를 지으신 여
호와의 이름에 있도다

6

7

8

시편으로 드리는 기도 우리의 힘과 능력이신 하나님,
아무리 무섭고 강한 원수를 만날지라도 두렵지 않게 하소서.
함께하시는 하나님을 바라보며 하나님이 하실 일을 기대하게 하소서.

말씀 적용하기

제125편

대적이 에워쌌으나, 하나님의 보호로
감히 예루살렘을 넘볼 수 없다는 평화의 확신을 노래합니다.

성전에 올라가는 노래

1 여호와를 의지하는 자는 시온 산이 흔들리지 아니하고 영원히 있음 같도다

2 산들이 예루살렘을 두름과 같이 여호와께서 그의 백성을 지금부터 영원까지 두르시리로다

3 악인의 규가 의인들의 땅에서는 그 권세를 누리지 못하리니 이는 의인들로 하여금 죄악에 손을 대지 아니하게 함이로다

4 여호와여 선한 자들과 마음이 정직한 자들에게 선대하소서

성전에 올라가는 노래

1

2

3

4

5 자기의 굽은 길로 치우치는 자들
은 여호와께서 죄를 범하는 자들
과 함께 다니게 하시리로다 이스
라엘에게는 평강이 있을지어다

5

시편으로 드리는 기도 내 힘이시며 반석이신 하나님,
사람을 의지하여 쉬운 길을 가는 대신 하나님을 의지하여
영원토록 안전한 길을 가게 하소서.

말씀 적용하기

제126편

전능하신 하나님께서 이스라엘 민족을 포로생활에서 해방시켜
예루살렘으로 귀환하게 하신 사실을 찬양합니다.

성전에 올라가는 노래

1 여호와께서 시온의 포로를 돌려 보내실 때에 우리는 꿈꾸는 것 같았도다

2 그 때에 우리 입에는 웃음이 가득하고 우리 혀에는 찬양이 찼었도다 그 때에 뭇 나라 가운데에서 말하기를 여호와께서 그들을 위하여 큰 일을 행하셨다 하였도다

3 여호와께서 우리를 위하여 큰 일을 행하셨으니 우리는 기쁘도다

4 여호와여 우리의 포로를 남방 시내들 같이 돌려 보내소서

5 눈물을 흘리며 씨를 뿌리는 자는 기쁨으로 거두리로다

성전에 올라가는 노래

1

2

3

4

5

DATE . . .

6 울며 씨를 뿌리러 나가는 자는 반
드시 기쁨으로 그 곡식 단을 가지
고 돌아오리로다

6

시편으로 드리는 기도 하나님, 주님을 향한 기대감으로 기도하게 하소서.
하나님이 주실 풍성한 열매를 소망하며 오늘도 눈물로 씨를 뿌리게 하소서.

말씀 적용하기

제127편

솔로몬의 시로 인간의 생사화복을 주관하시는 하나님의 섭리에
복종해야 함을 강조하는 지혜시입니다.

솔로몬의 시

곧 성전에 올라가는 노래

1 여호와께서 집을 세우지 아니하
시면 세우는 자의 수고가 헛되며
여호와께서 성을 지키지 아니하
시면 파수꾼의 깨어 있음이 헛되
도다
2 너희가 일찍이 일어나고 늦게 누
우며 수고의 떡을 먹음이 헛되도
다 그러므로 여호와께서 그의 사
랑하시는 자에게는 잠을 주시는
도다
3 보라 자식들은 여호와의 기업이
요 태의 열매는 그의 상급이로다
4 젊은 자의 자식은 장사의 수중의
화살 같으니

솔로몬의 시

곧 성전에 올라가는 노래

1

2

3

4

DATE . . .

5 이것이 그의 화살통에 가득한 자
는 복되도다 그들이 성문에서 그
들의 원수와 담판할 때에 수치를
당하지 아니하리로다

5

시편으로 드리는 기도 하나님, 주님 없이는 존재할 수 없음을 기억하게 하소서.
모든 일을 하나님과 함께하고,
하나님이 주시는 평안을 모든 일 가운데서 누리게 하소서.

말씀 적용하기

제128편

하나님을 경외하는 자들이 받을 복과,
그들이 모여 사는 공동체의 행복을 노래합니다. 일종의 지혜시입니다.

성전에 올라가는 노래

1 여호와를 경외하며 그의 길을 걷는 자마다 복이 있도다

2 네가 네 손이 수고한 대로 먹을 것이라 네가 복되고 형통하리로다

3 네 집 안방에 있는 네 아내는 결실한 포도나무 같으며 네 식탁에 둘러 앉은 자식들은 어린 감람나무 같으리로다

4 여호와를 경외하는 자는 이같이 복을 얻으리로다

5 여호와께서 시온에서 네게 복을 주실지어다 너는 평생에 예루살렘의 번영을 보며

성전에 올라가는 노래

1

2

3

4

5

DATE . . .

6 네 자식의 자식을 볼지어다 이스
라엘에게 평강이 있을지로다

6

시편으로 드리는 기도 하나님, 하나님을 경외하여 말씀대로 살게 하소서.
내가 속한 공동체에 유익을 끼치는 사람이 되게 하소서.

말씀 적용하기

제129편

시인은 역사상 이스라엘이 당한 시련을 언급하면서
동시에 하나님이 그들을 구원하셨음을 고백합니다.

성전에 올라가는 노래

1 이스라엘은 이제 말하기를 그들
이 내가 어릴 때부터 여러 번 나를
괴롭혔도다
2 그들이 내가 어릴 때부터 여러 번
나를 괴롭혔으나 나를 이기지 못
하였도다
3 밭 가는 자들이 내 등을 갈아 그
고랑을 길게 지었도다
4 여호와께서는 의로우사 악인들
의 줄을 끊으셨도다
5 무릇 시온을 미워하는 자들은 수
치를 당하여 물러갈지어다
6 그들은 지붕의 풀과 같을지어다
그것은 자라기 전에 마르는 것
이라

성전에 올라가는 노래

1

2

3

4

5

6

DATE . . .

7 이런 것은 베는 자의 손과 묶는
자의 품에 차지 아니하나니
8 지나가는 자들도 여호와의 복이
너희에게 있을지어다 하거나 우리
가 여호와의 이름으로 너희에게
축복한다 하지 아니하느니라

7

8

시편으로 드리는 기도 하나님, 이스라엘의 역사 가운데서 행하신 일과
내 인생에서 행하신 일들을 기억합니다.
앞으로 행하실 일을 기대하며 기도하게 하소서.

말씀 적용하기

제130편

이스라엘 민족을 대표한 시인은 고난 중에 자신의 죄악을 깨닫고,
하나님의 용서와 구원을 간절히 호소합니다.

성전에 올라가는 노래

1 여호와여 내가 깊은 곳에서 주께
부르짖었나이다
2 주여 내 소리를 들으시며 나의 부
르짖는 소리에 귀를 기울이소서
3 여호와여 주께서 죄악을 지켜보
실진대 주여 누가 서리이까
4 그러나 사유하심이 주께 있음은
주를 경외하게 하심이니이다
5 나 곧 내 영혼은 여호와를 기다리
며 나는 주의 말씀을 바라는도다
6 파수꾼이 아침을 기다림보다 내
영혼이 주를 더 기다리나니 참으
로 파수꾼이 아침을 기다림보다
더하도다

성전에 올라가는 노래

1

2

3

4

5

6

DATE . . .

7 이스라엘아 여호와를 바랄지어다
여호와께서는 인자하심과 풍성한
속량이 있음이라
8 그가 이스라엘을 그의 모든 죄악
에서 속량하시리로다

7

8

시편으로 드리는 기도 하나님, 하나님의 용서하심에 근거해
하나님께 담대히 나아가게 하소서.
언제나 하나님을 의식하고 하나님을 높이며 살게 하소서.

말씀 적용하기

제131편

다윗의 시로 어머니같이 품에 안아주시는
하나님을 의지하는 자가 누리는 심적 평안을 노래합니다.

다윗의 시 곧 성전에 올라가는 노래

1 여호와여 내 마음이 교만하지 아니하고 내 눈이 오만하지 아니하오며 내가 큰 일과 감당하지 못할 놀라운 일을 하려고 힘쓰지 아니하나이다

2 실로 내가 내 영혼으로 고요하고 평온하게 하기를 젖 뗀 아이가 그의 어머니 품에 있음 같게 하였나니 내 영혼이 젖 뗀 아이와 같도다

다윗의 시 곧 성전에 올라가는 노래

1

2

3 이스라엘아 지금부터 영원까지
여호와를 바랄지어다

3

시편으로 드리는 기도 하나님, 악한 원수들로 인해 괴로울 때도 저를 사랑하고 도우시는 하나님의 구원을 믿습니다. 늘 이 믿음을 붙잡고 살아가게 하소서.

말씀 적용하기

제132편

다윗이 법궤를 예루살렘으로 옮긴 사건을 언급하면서,
하나님께 다윗과 맺으신 언약을 기억해 달라고 요청합니다.

성전에 올라가는 노래

1 여호와여 다윗을 위하여 그의 모든 겸손을 기억하소서

2 그가 여호와께 맹세하며 야곱의 전능자에게 서원하기를

3 내가 내 장막 집에 들어가지 아니하며 내 침상에 오르지 아니하고

4 내 눈으로 잠들게 하지 아니하며 내 눈꺼풀로 졸게 하지 아니하기를

5 여호와의 처소 곧 야곱의 전능자의 성막을 발견하기까지 하리라 하였나이다

성전에 올라가는 노래

1

2

3

4

5

6 우리가 그것이 [1]에브라다에 있다
함을 들었더니 [2]나무 밭에서 찾
았도다
7 우리가 그의 계신 곳으로 들어가
서 그의 발등상 앞에서 엎드려 예
배하리로다
8 여호와여 일어나사 주의 권능의
궤와 함께 평안한 곳으로 들어가
소서
9 주의 제사장들은 의를 옷 입고
주의 성도들은 즐거이 외칠지
어다
10 주의 종 다윗을 위하여 주의 기름
부음 받은 자의 얼굴을 외면하지
마옵소서
11 여호와께서 다윗에게 성실히 맹
세하셨으니 변하지 아니하실지라
이르시기를 네 몸의 소생을 네 왕
위에 둘지라

6

7

8

9

10

11

1 에브라임
2 야일의 밭에서

12 네 자손이 내 언약과 그들에게 교
훈하는 내 증거를 지킬진대 그들
의 후손도 영원히 네 왕위에 앉으
리라 하셨도다
13 여호와께서 시온을 택하시고 자
기 거처를 삼고자 하여 이르시
기를
14 이는 내가 영원히 쉴 곳이라 내가
여기 거주할 것은 이를 원하였음
이로다
15 내가 이 성의 식료품에 풍족히 복
을 주고 떡으로 그 빈민을 만족
하게 하리로다
16 내가 그 제사장들에게 구원을 옷
입히리니 그 성도들은 즐거이 외
치리로다
17 내가 거기서 다윗에게 뿔이 나게
할 것이라 내가 내 기름 부음 받
은 자를 위하여 등을 준비하였
도다

12

13

14

15

16

17

18 내가 그의 원수에게는 수치를 옷
입히고 그에게는 왕관이 빛나게
하리라 하셨도다

18

시편으로 드리는 기도 언제나 동행하시는 하나님,
다윗이 사는 동안 동행해 주신 것처럼 저와 동행하소서.
하나님과의 동행이 가장 큰 은혜임을 고백하며 살게 하소서.

말씀 적용하기

제133편

하나님의 언약 백성이 함께 생활하는 것이
얼마나 아름답고 복된 일인지 노래합니다.

다윗의 시 곧 성전에 올라가는 노래

1 보라 형제가 연합하여 동거함이
어찌 그리 선하고 아름다운고
2 머리에 있는 보배로운 기름이 수
염 곧 아론의 수염에 흘러서 그의
옷깃까지 내림 같고
3 헐몬의 이슬이 시온의 산들에 내
림 같도다 거기서 여호와께서 복
을 명령하셨나니 곧 영생이로다

다윗의 시 곧 성전에 올라가는 노래

1

2

3

시편으로 드리는 기도 하나님, 예수 그리스도 안에서 이루신 화목을 제가 만나는 사람들과 함께 누리게 하소서. 특별히 성도 간에 하나 됨으로 하나님께 영광 돌리게 하소서.

말씀 적용하기

DATE . . .

제134편

예루살렘 성전에 모여든 순례객들이
성전에서 봉사하는 레위인들에게 함께 찬양하자고 노래합니다.

성전에 올라가는 노래

1 보라 밤에 여호와의 성전에 서 있는 여호와의 모든 종들아 여호와를 송축하라

2 [1]성소를 향하여 너희 손을 들고 여호와를 송축하라

3 천지를 지으신 여호와께서 시온에서 네게 복을 주실지어다

성전에 올라가는 노래

1

2

3

시편으로 드리는 기도 우리의 예배 가운데 임하시는 하나님, 예배를 위해
순례의 여정을 마다하지 않은 신실한 믿음의 조상들처럼,
우리에게도 예배에 대한 간절함과 열정을 부어주소서.

말씀 적용하기

1 너희 손을 거룩하게 들고

제135편

천지를 창조하신 위대한 하나님께서
백성을 보호하고 구원하시어 오늘에 이르게 되었음을 찬양합니다.

1 [1]할렐루야 여호와의 이름을 찬 1
송하라 여호와의 종들아 찬송
하라
2 여호와의 집 우리 여호와의 성전 2
곧 우리 하나님의 성전 뜰에 서 있
는 너희여
3 여호와를 찬송하라 여호와는 선 3
하시며 그의 이름이 아름다우니
그의 이름을 찬양하라
4 여호와께서 자기를 위하여 야곱 4
곧 이스라엘을 자기의 특별한 소
유로 택하셨음이로다
5 내가 알거니와 여호와께서는 위 5
대하시며 우리 주는 모든 신들보
다 위대하시도다

1 여호와를 찬송하라

6 여호와께서 그가 기뻐하시는 모
든 일을 천지와 바다와 모든 깊은
데서 다 행하셨도다
7 안개를 땅 끝에서 일으키시며 비
를 위하여 번개를 만드시며 바람
을 그 곳간에서 내시는도다
8 그가 애굽의 처음 난 자를 사람
부터 짐승까지 치셨도다
9 애굽이여 여호와께서 네게 행한
표적들과 징조들을 바로와 그의
모든 신하들에게 보내셨도다
10 그가 많은 나라를 치시고 강한 왕
들을 죽이셨나니
11 곧 아모리인의 왕 시혼과 바산 왕
옥과 가나안의 모든 국왕이로다
12 그들의 땅을 기업으로 주시되 자
기 백성 이스라엘에게 기업으로
주셨도다
13 여호와여 주의 이름이 영원하시니
이다 여호와여 주를 기념함이 대
대에 이르리이다

6

7

8

9

10

11

12

13

14 여호와께서 자기 백성을 판단하
시며 그의 종들로 말미암아 위로
를 받으시리로다
15 열국의 우상은 은금이요 사람의
손으로 만든 것이라
16 입이 있어도 말하지 못하며 눈이
있어도 보지 못하며
17 귀가 있어도 듣지 못하며 그들의
입에는 아무 호흡도 없나니
18 그것을 만든 자와 그것을 의지하
는 자가 다 그것과 같으리로다
19 이스라엘 족속아 여호와를 송축
하라 아론의 족속아 여호와를 송
축하라
20 레위 [1]족속아 여호와를 송축하
라 여호와를 경외하는 너희들아
여호와를 송축하라

14

15

16

17

18

19

20

1 집

DATE . . .

21 예루살렘에 계시는 여호와는 시
온에서 찬송을 받으실지어다 [1]할
렐루야

21

시편으로 드리는 기도 찬양받기에 합당하신 하나님,
내 삶에서 주님을 경험하고 살아계신 하나님을 찬양하게 하소서.

말씀 적용하기

1 여호와를 찬송하라

제136편

본 시는 창조와 이스라엘의 역사 속에 나타난
하나님의 인자하심을 찬양합니다.
유월절 예식 때 암송되는 노래입니다.

1 여호와께 감사하라 그는 선하시 1
며 그 인자하심이 영원함이로다
2 신들 중에 뛰어난 하나님께 감사 2
하라 그 인자하심이 영원함이로다
3 주들 중에 뛰어난 주께 감사하라 3
그 인자하심이 영원함이로다
4 홀로 큰 기이한 일들을 행하시는 4
이에게 감사하라 그 인자하심이
영원함이로다
5 지혜로 하늘을 지으신 이에게 감 5
사하라 그 인자하심이 영원함이
로다
6 땅을 물 위에 펴신 이에게 감사하 6
라 그 인자하심이 영원함이로다
7 큰 빛들을 지으신 이에게 감사하 7
라 그 인자하심이 영원함이로다

8 해로 낮을 주관하게 하신 이에게
감사하라 그 인자하심이 영원함
이로다
9 달과 별들로 밤을 주관하게 하신
이에게 감사하라 그 인자하심이
영원함이로다
10 애굽의 장자를 치신 이에게 감
사하라 그 인자하심이 영원함이
로다
11 이스라엘을 그들 중에서 인도하
여 내신 이에게 감사하라 그 인자
하심이 영원함이로다
12 강한 손과 펴신 팔로 인도하여 내
신 이에게 감사하라 그 인자하심
이 영원함이로다
13 홍해를 가르신 이에게 감사하라
그 인자하심이 영원함이로다
14 이스라엘을 그 가운데로 통과하
게 하신 이에게 감사하라 그 인자
하심이 영원함이로다

8

9

10

11

12

13

14

15 바로와 그의 군대를 홍해에 엎드
러뜨리신 이에게 감사하라 그 인
자하심이 영원함이로다
16 그의 백성을 인도하여 광야를 통
과하게 하신 이에게 감사하라 그
인자하심이 영원함이로다
17 큰 왕들을 치신 이에게 감사하라
그 인자하심이 영원함이로다
18 유명한 왕들을 죽이신 이에게 감
사하라 그 인자하심이 영원함이
로다
19 아모리인의 왕 시혼을 죽이신 이
에게 감사하라 그 인자하심이 영
원함이로다
20 바산 왕 옥을 죽이신 이에게 감
사하라 그 인자하심이 영원함이
로다
21 그들의 땅을 기업으로 주신 이에
게 감사하라 그 인자하심이 영원
함이로다

15

16

17

18

19

20

21

22 곧 그 종 이스라엘에게 기업으로 22
주신 이에게 감사하라 그 인자하
심이 영원함이로다
23 우리를 비천한 가운데에서도 기억 23
해 주신 이에게 감사하라 그 인자
하심이 영원함이로다
24 우리를 우리의 대적에게서 건지신 24
이에게 감사하라 그 인자하심이
영원함이로다
25 모든 육체에게 먹을 것을 주신 이 25
에게 감사하라 그 인자하심이 영
원함이로다
26 하늘의 하나님께 감사하라 그 인 26
자하심이 영원함이로다

시편으로 드리는 기도 주의 백성을 보호하고 인도하시는 하나님, 하나님의 통치 아래서 하나님의 보호와 인도하심을 경험하는 하나님 백성이 되게 하소서.

말씀 적용하기

제137편

이스라엘이 바벨론에서 겪는 슬픔과 고초에 대해 토로하고,
이 고난을 기뻐하는 원수에게 저주를 선포합니다.

1 우리가 바벨론의 여러 강변 거기
에 앉아서 시온을 기억하며 울었
도다
2 그 중의 버드나무에 우리가 우리
의 수금을 걸었나니
3 이는 우리를 사로잡은 자가 거기
서 우리에게 노래를 청하며 우리
를 황폐하게 한 자가 기쁨을 청하
고 자기들을 위하여 시온의 노래
중 하나를 노래하라 함이로다
4 우리가 이방 땅에서 어찌 여호와
의 노래를 부를까
5 예루살렘아 내가 너를 잊을진대
내 오른손이 그의 재주를 잊을지
로다

6 내가 예루살렘을 기억하지 아니 6
하거나 내가 가장 즐거워하는 것
보다 더 즐거워하지 아니할진대
내 혀가 내 입천장에 붙을지로다
7 여호와여 예루살렘이 멸망하던 7
날을 기억하시고 에돔 자손을 치
소서 그들의 말이 헐어 버리라 헐
어 버리라 그 기초까지 헐어 버리
라 하였나이다
8 멸망할 딸 바벨론아 네가 우리에 8
게 행한 대로 네게 갚는 자가 복
이 있으리로다
9 네 어린 것들을 바위에 메어치는 9
자는 복이 있으리로다

시편으로 드리는 기도 하나님, 내게 주신 모든 것으로 하나님께만 영광 돌리게 하시고, 세상의 헛된 일에 내 재능이 사용되지 않게 하소서.

말씀 적용하기

제138편

하나님의 도우심에 감사하고,
나아가 하나님의 말씀이 세상에 널리 전파되기를 소망합니다.

다윗의 시

1 내가 전심으로 주께 감사하며 신들 앞에서 주께 찬송하리이다

2 내가 주의 성전을 향하여 예배하며 주의 인자하심과 성실하심으로 말미암아 주의 이름에 감사하오리니 이는 주께서 [1]주의 말씀을 주의 모든 이름보다 높게 하셨음이라

3 내가 간구하는 날에 주께서 응답하시고 내 영혼에 힘을 주어 나를 강하게 하셨나이다

4 여호와여 세상의 모든 왕들이 주께 감사할 것은 그들이 주의 입의 말씀을 들음이오며

다윗의 시

1

2

3

4

---

1 주의 모든 이름대로 주의 말씀을 크게 하셨음이라

DATE . . .

5 그들이 여호와의 도를 노래할
것은 여호와의 영광이 크심이니
이다
6 여호와께서는 높이 계셔도 낮은
자를 굽어살피시며 멀리서도 교만
한 자를 아심이니이다
7 내가 환난 중에 다닐지라도 주께
서 나를 살아나게 하시고 주의 손
을 펴사 내 원수들의 분노를 막
으시며 주의 오른손이 나를 구원
하시리이다
8 여호와께서 나를 위하여 보상해
주시리이다 여호와여 주의 인자
하심이 영원하오니 주의 손으로
지으신 것을 버리지 마옵소서

5

6

7

8

시편으로 드리는 기도 하나님, 어떤 어려움이 닥치더라도 그로 인해 낙심하지 않게 하소서. 지금도 돕기 위해 기다리시는 하나님께 기도함으로, 하나님의 살아계심을 경험하게 하소서.

말씀 적용하기

제139편

온갖 인생 역경을 통과한 노년의 다윗이
하나님에 대한 새로운 인식을 신앙고백의 형태로 서술합니다.

다윗의 시, 인도자를 따라 부르는 노래

1 여호와여 주께서 나를 살펴 보셨으므로 나를 아시나이다

2 주께서 내가 앉고 일어섬을 아시고 멀리서도 나의 생각을 밝히 아시오며

3 나의 모든 길과 내가 눕는 것을 살펴 보셨으므로 나의 모든 행위를 익히 아시오니

4 여호와여 내 혀의 말을 알지 못하시는 것이 하나도 없으시니이다

5 주께서 나의 앞뒤를 둘러싸시고 내게 안수하셨나이다

6 이 지식이 내게 너무 기이하니 높아서 내가 능히 미치지 못하나이다

다윗의 시, 인도자를 따라 부르는 노래

1

2

3

4

5

6

7 내가 주의 영을 떠나 어디로 가며
주의 앞에서 어디로 피하리이까
8 내가 하늘에 올라갈지라도 거기
계시며 스올에 내 자리를 펼지라
도 거기 계시니이다
9 내가 새벽 날개를 치며 바다 끝에
가서 거주할지라도
10 거기서도 주의 손이 나를 인도하
시며 주의 오른손이 나를 붙드시
리이다
11 내가 혹시 말하기를 흑암이 반드
시 나를 덮고 나를 두른 빛은 밤
이 되리라 할지라도
12 주에게서는 흑암이 숨기지 못하
며 밤이 낮과 같이 비추이나니
주에게는 흑암과 빛이 같음이니
이다
13 주께서 내 내장을 지으시며 나의
모태에서 나를 만드셨나이다

14 내가 주께 감사하옴은 나를 지으
심이 심히 기묘하심이라 주께서
하시는 일이 기이함을 내 영혼이
잘 아나이다
15 내가 은밀한 데서 지음을 받고 땅
의 깊은 곳에서 기이하게 지음을
받은 때에 나의 형체가 주의 앞에
숨겨지지 못하였나이다
16 내 형질이 이루어지기 전에 주의
눈이 보셨으며 나를 위하여 정한
날이 하루도 되기 전에 주의 책에
다 기록이 되었나이다
17 하나님이여 주의 생각이 내게 어
찌 그리 보배로우신지요 그 수가
어찌 그리 많은지요
18 내가 세려고 할지라도 그 수가 모
래보다 많도소이다 내가 깰 때에
도 여전히 주와 함께 있나이다
19 하나님이여 주께서 반드시 악인
을 죽이시리이다 피 흘리기를 즐
기는 자들아 나를 떠날지어다

14

15

16

17

18

19

20 그들이 주를 대하여 악하게 말하 20
며 주의 원수들이 주의 이름으로
헛되이 맹세하나이다
21 여호와여 내가 주를 미워하는 자 21
들을 미워하지 아니하오며 주를
치러 일어나는 자들을 미워하지
아니하나이까
22 내가 그들을 심히 미워하니 그들 22
은 나의 원수들이니이다
23 하나님이여 나를 살피사 내 마음 23
을 아시며 나를 시험하사 내 뜻을
아옵소서
24 내게 무슨 악한 행위가 있나 보시 24
고 나를 영원한 길로 인도하소서

시편으로 드리는 기도 하나님, 매일이 내 계획이 아닌
하나님의 선하신 계획이 이루어지는 복된 날이 되게 하소서.

말씀 적용하기

제140편

시인은 하나님이 반드시 의인을 보호하신다는 확신 아래, 원수의 손에서 자신을 구원해 주시기를 간구합니다.

다윗의 시, 인도자를 따라 부르는 노래

1 여호와여 악인에게서 나를 건지시며 포악한 자에게서 나를 보전하소서

2 그들이 마음속으로 악을 꾀하고 싸우기 위하여 매일 모이오며

3 뱀 같이 그 혀를 날카롭게 하니 그 입술 아래에는 독사의 독이 있나이다 (셀라)

4 여호와여 나를 지키사 악인의 손에 빠지지 않게 하시며 나를 보전하사 포악한 자에게서 벗어나게 하소서 그들은 나의 걸음을 밀치려 하나이다

다윗의 시, 인도자를 따라 부르는 노래

1

2

3

4

5 교만한 자가 나를 해하려고 올무
와 줄을 놓으며 길 곁에 그물을
치며 함정을 두었나이다 (셀라)
6 내가 여호와께 말하기를 주는 나
의 하나님이시니 여호와여 나의
간구하는 소리에 귀를 기울이소
서 하였나이다
7 내 구원의 능력이신 주 여호와여
전쟁의 날에 주께서 내 머리를 가
려 주셨나이다
8 여호와여 악인의 소원을 허락하
지 마시며 그의 악한 꾀를 이루지
못하게 하소서 그들이 스스로 높
일까 하나이다 (셀라)
9 나를 에워싸는 자들이 그들의 머
리를 들 때에 그들의 입술의 재난
이 그들을 덮게 하소서
10 뜨거운 숯불이 그들 위에 떨어지
게 하시며 불 가운데와 깊은 웅덩
이에 그들로 하여금 빠져 다시 일
어나지 못하게 하소서

5

6

7

8

9

10

11 악담하는 자는 세상에서 굳게 서
지 못하며 포악한 자는 재앙이 따
라서 패망하게 하리이다
12 내가 알거니와 여호와는 고난 당
하는 자를 변호해 주시며 궁핍한
자에게 정의를 베푸시리이다
13 진실로 의인들이 주의 이름에 감
사하며 정직한 자들이 주의 앞에
서 살리이다

11

12

13

시편으로 드리는 기도 내 힘과 구원이신 하나님,
악한 이들이 아무리 강한 힘으로 위협할지라도 악에 꺾이지 않게 하시고,
마침내 하나님이 주시는 구원을 경험하게 하소서.

말씀 적용하기

DATE . . .

제141편

본 시에서 시인은 영혼의 소리와
육신의 소욕 사이에서 번민하고 있으며,
자신의 마음과 행동을 지켜달라고 간구합니다.

다윗의 시

1 여호와여 내가 주를 불렀사오니
속히 내게 오시옵소서 내가 주께
부르짖을 때에 내 음성에 귀를 기
울이소서
2 나의 기도가 주의 앞에 분향함과
같이 되며 나의 손 드는 것이 저녁
제사 같이 되게 하소서
3 여호와여 내 입에 파수꾼을 세우
시고 내 입술의 문을 지키소서
4 내 마음이 악한 일에 기울어 죄악
을 행하는 자들과 함께 악을 행
하지 말게 하시며 그들의 진수성
찬을 먹지 말게 하소서

다윗의 시

1

2

3

4

5 의인이 나를 칠지라도 은혜로 여
기며 책망할지라도 머리의 기름
같이 여겨서 내 머리가 이를 거절
하지 아니할지라 그들의 [1]재난
중에도 내가 항상 기도하리로다
6 그들의 재판관들이 바위 곁에 내
려 던져졌도다 내 말이 달므로 무
리가 들으리로다
7 사람이 밭 갈아 흙을 부스러뜨림
같이 우리의 해골이 스올 입구에
흩어졌도다
8 주 여호와여 내 눈이 주께 향하며
내가 주께 피하오니 [2]내 영혼을
빈궁한 대로 버려 두지 마옵소서
9 나를 지키사 그들이 나를 잡으
려고 놓은 올무와 악을 행하는
자들의 함정에서 벗어나게 하옵
소서

5

6

7

8

9

1 악을 대하여 내가

2 내 심령을 쏟아버리지 마옵소서

DATE . . .

10 악인은 자기 그물에 걸리게 하시
고 나만은 온전히 면하게 하소서

10

시편으로 드리는 기도 하나님, 어떤 문제든 내 힘으로 해결하기 전에
먼저 하나님께 의뢰하게 하소서. 모든 상황에서 더욱 하나님께 집중하게 하소서.

말씀 적용하기

제142편

의지할 사람도 피할 곳도 없는 절망적인 상태에 빠진 시인이,
원수에게서 자신을 구원해 달라고 기도합니다.

다윗이 굴에 있을 때에 지은
[1]마스길 곧 기도

1 내가 소리 내어 여호와께 부르짖으며 소리 내어 여호와께 간구하는도다

2 내가 내 원통함을 그의 앞에 토로하며 내 우환을 그의 앞에 진술하는도다

3 내 영이 내 속에서 상할 때에도 주께서 내 길을 아셨나이다 내가 가는 길에 그들이 나를 잡으려고 올무를 숨겼나이다

4 오른쪽을 살펴 보소서 나를 아는 이도 없고 나의 피난처도 없고 내 영혼을 돌보는 이도 없나이다

다윗이 굴에 있을 때에 지은
마스길 곧 기도

1

2

3

4

1 교훈

5 여호와여 내가 주께 부르짖어 말
하기를 주는 나의 피난처시요 살
아 있는 사람들의 땅에서 나의 분
깃이시라 하였나이다
6 나의 부르짖음을 들으소서 나는
심히 비천하니이다 나를 핍박하는
자들에게서 나를 건지소서 그들
은 나보다 강하니이다
7 내 영혼을 옥에서 이끌어 내사 주
의 이름을 감사하게 하소서 주께
서 나에게 갚아 주시리니 의인들
이 나를 두르리이다

5

6

7

시편으로 드리는 기도 하나님, 모든 사람이 내 곁을 떠나
나 홀로 외로움에 고통당할 때도,
하나님이 피난처시요 분깃이라는 믿음으로 하나님과 동행하게 하소서.

말씀 적용하기

제143편

시인은 자신이 당한 환난이 과거의 죄악 때문임을 깨닫고,
회개하며 하나님의 긍휼을 간구합니다.

다윗의 시

1 여호와여 내 기도를 들으시며 내
간구에 귀를 기울이시고 주의 진
실과 의로 내게 응답하소서
2 주의 종에게 심판을 행하지 마소
서 주의 눈 앞에는 의로운 인생이
하나도 없나이다
3 원수가 내 영혼을 핍박하며 내 생
명을 땅에 엎어서 나로 죽은 지
오랜 자 같이 나를 암흑 속에 두
었나이다
4 그러므로 내 심령이 속에서 상하
며 내 마음이 내 속에서 참담하니
이다

다윗의 시

1

2

3

4

5 내가 옛날을 기억하고 주의 모든
행하신 것을 읊조리며 주의 손이
행하는 일을 생각하고
6 주를 향하여 손을 펴고 내 영혼이
마른 땅 같이 주를 사모하나이다
(셀라)
7 여호와여 속히 내게 응답하소서
내 영이 피곤하니이다 주의 얼굴
을 내게서 숨기지 마소서 내가 무
덤에 내려가는 자 같을까 두려워
하나이다
8 아침에 나로 하여금 주의 인자한
말씀을 듣게 하소서 내가 주를
의뢰함이니이다 내가 다닐 길을
알게 하소서 내가 내 영혼을 주께
드림이니이다
9 여호와여 나를 내 원수들에게서
건지소서 내가 주께 피하여 숨었
나이다

5

6

7

8

9

10 주는 나의 하나님이시니 나를 가
르쳐 주의 뜻을 행하게 하소서 주
의 영은 선하시니 나를 공평한 땅
에 인도하소서
11 여호와여 주의 이름을 위하여 나
를 살리시고 주의 의로 내 영혼을
환난에서 끌어내소서
12 주의 인자하심으로 나의 원수들
을 끊으시고 내 영혼을 괴롭게 하
는 자를 다 멸하소서 나는 주의
종이니이다

10

11

12

시편으로 드리는 기도 절망 중에 소망 되시는 하나님,
제 심령을 가난하게 하소서.
하나님의 전능하심에 대한 절대적인 믿음으로 하나님만 바라는 삶이 되게 하소서.

말씀 적용하기

DATE . . .

제144편

다윗과 골리앗의 싸움 장면을 연상하게 하는 본 시는,
간구와 축복이라는 두 가지 주제를 담고 있습니다.

다윗의 시

1 나의 반석이신 여호와를 찬송하
리로다 그가 내 손을 가르쳐 싸
우게 하시며 손가락을 가르쳐 전
쟁하게 하시는도다
2 여호와는 나의 사랑이시요 나의
요새이시요 나의 산성이시요 나
를 건지시는 이시요 나의 방패이
시니 내가 그에게 피하였고 그가
내 백성을 내게 복종하게 하셨나
이다
3 여호와여 사람이 무엇이기에 주
께서 그를 알아 주시며 인생이 무
엇이기에 그를 생각하시나이까

다윗의 시

1

2

3

4 사람은 [1]헛것 같고 그의 날은 지
나가는 그림자 같으니이다
5 여호와여 주의 하늘을 드리우고
강림하시며 산들에 접촉하사 연기
를 내게 하소서
6 번개를 번쩍이사 원수들을 흩으
시며 주의 화살을 쏘아 그들을
무찌르소서
7 위에서부터 주의 손을 펴사 나를
큰 물과 이방인의 손에서 구하여
건지소서
8 그들의 입은 거짓을 말하며 그의
오른손은 거짓의 오른손이니이다
9 하나님이여 내가 주께 새 노래로
노래하며 열 줄 비파로 주를 찬양
하리이다
10 주는 왕들에게 구원을 베푸시는
자시요 그의 종 다윗을 그 해하려
는 칼에서 구하시는 자시니이다

4

5

6

7

8

9

10

1 숨과 같고

11 이방인의 손에서 나를 구하여 건
지소서 그들의 입은 거짓을 말하
며 그 오른손은 거짓의 오른손이
니이다
12 우리 아들들은 어리다가 장성한
나무들과 같으며 우리 딸들은 궁
전의 양식대로 아름답게 다듬은
모퉁잇돌들과 같으며
13 우리의 곳간에는 백곡이 가득하
며 우리의 양은 들에서 천천과 만
만으로 번성하며
14 우리 수소는 무겁게 실었으며 또
우리를 침노하는 일이나 우리가
나아가 막는 일이 없으며 우리
거리에는 슬피 부르짖음이 없을
진대

15 이러한 백성은 복이 있나니 여호
와를 자기 하나님으로 삼는 백성
은 복이 있도다

15

시편으로 드리는 기도 우리의 약함을 아시는 하나님, 우리의 힘으로 하루를 살지 않게 하소서. 도우실 하나님을 향해 손을 높이 들고, 내 힘이 아닌 하나님의 능력으로 하루를 살게 하소서.

말씀 적용하기

DATE . . .

제145편

시인은 하나님의 능하신 행적과 자비로움과 우주적 통치의 영원성,
그리고 하나님을 경외하는 자들에게 베푸시는 은혜를 찬양합니다.

다윗의 찬송시

1 왕이신 나의 하나님이여 내가 주를 높이고 영원히 주의 이름을 송축하리이다

2 내가 날마다 주를 송축하며 영원히 주의 이름을 송축하리이다

3 여호와는 위대하시니 크게 찬양할 것이라 그의 위대하심을 측량하지 못하리로다

4 대대로 주께서 행하시는 일을 크게 찬양하며 주의 능한 일을 선포하리로다

5 주의 존귀하고 영광스러운 위엄과 주의 기이한 일들을 나는 작은 소리로 읊조리리이다

다윗의 찬송시

1

2

3

4

5

6 사람들은 주의 두려운 일의 권능
을 말할 것이요 나도 주의 위대하
심을 선포하리이다
7 그들이 주의 크신 은혜를 기념
하여 말하며 주의 의를 노래하리
이다
8 여호와는 은혜로우시며 긍휼이
많으시며 노하기를 더디 하시며
인자하심이 크시도다
9 여호와께서는 모든 것을 선대하
시며 그 지으신 모든 것에 긍휼을
베푸시는도다
10 여호와여 주께서 지으신 모든 것
들이 주께 감사하며 주의 성도들
이 주를 송축하리이다
11 그들이 주의 나라의 영광을 말하
며 주의 업적을 일러서
12 주의 업적과 주의 나라의 위엄 있
는 영광을 인생들에게 알게 하리
이다

6

7

8

9

10

11

12

13 주의 나라는 영원한 나라이니 주
의 통치는 대대에 이르리이다
14 여호와께서는 모든 넘어지는 자
들을 붙드시며 비굴한 자들을 일
으키시는도다
15 모든 사람의 눈이 주를 앙망하오
니 주는 때를 따라 그들에게 먹
을 것을 주시며
16 손을 펴사 [1] 모든 생물의 소원을
만족하게 하시나이다
17 여호와께서는 그 모든 행위에 의
로우시며 그 모든 일에 은혜로우
시도다
18 여호와께서는 자기에게 간구하
는 모든 자 곧 진실하게 간구하는
모든 자에게 가까이 하시는도다
19 그는 자기를 경외하는 자들의 소
원을 이루시며 또 그들의 부르짖
음을 들으사 구원하시리로다

13

14

15

16

17

18

19

1 은혜로 모든 생물을 만족하게 하시나이다

20 여호와께서 자기를 사랑하는 자
들은 다 보호하시고 악인들은 다
멸하시리로다
21 내 입이 여호와의 영예를 말하며
모든 육체가 그의 거룩하신 이름
을 영원히 송축할지로다

20

21

시편으로 드리는 기도 모든 필요를 채워주시는 하나님,
나를 초라하게 만드는 환경에 억눌리지 않게 하소서.
나를 도우시고 힘주실 하나님께 기도의 손을 높이 들고 믿음으로 승리하게 하소서.

말씀 적용하기

제146편

이 시는 시온에 좌정하신 하늘의 왕 하나님을 찬양하는 시로서,
특별히 약자에 지극한 관심을 보이시는
하나님의 정의에 초점을 맞춥니다.

1 [1]할렐루야 내 영혼아 여호와를 1
찬양하라
2 나의 생전에 여호와를 찬양하며 2
나의 평생에 내 하나님을 찬송하
리로다
3 귀인들을 의지하지 말며 도울 힘 3
이 없는 인생도 의지하지 말지니
4 그의 호흡이 끊어지면 흙으로 돌 4
아가서 그 날에 그의 생각이 소멸
하리로다
5 야곱의 하나님을 자기의 도움으 5
로 삼으며 여호와 자기 하나님에
게 자기의 소망을 두는 자는 복이
있도다

1 여호와를 찬양하라

6 여호와는 천지와 바다와 그 중의
만물을 지으시며 영원히 진실함을
지키시며
7 억눌린 사람들을 위해 정의로 심
판하시며 주린 자들에게 먹을 것
을 주시는 이시로다 여호와께서
는 갇힌 자들에게 자유를 주시는
도다
8 여호와께서 맹인들의 눈을 여시
며 여호와께서 비굴한 자들을 일
으키시며 여호와께서 의인들을
사랑하시며
9 여호와께서 나그네들을 보호하
시며 고아와 과부를 붙드시고 악
인들의 길은 굽게 하시는도다

6

7

8

9

DATE . . .

10 시온아 여호와는 영원히 다스리
시고 네 하나님은 대대로 통치하
시리로다 [1]할렐루야

10

시편으로 드리는 기도 전능하신 하나님, 사람을 의지해 문제를 해결하려는 어리석은 생각을 내려놓게 하소서.
모든 것에 능하신 하나님을 바라보며 도움과 소망으로 삼게 하소서.

말씀 적용하기

1 여호와를 찬양하라

제147편

만유의 창조주시며 주님이신 하나님을 찬양하는 시로,
특별히 이스라엘 민족에게 자비를 베푸시는 하나님을 찬양합니다.

1 [1]할렐루야 우리 하나님을 찬양하 1
는 일이 선함이여 찬송하는 일이
아름답고 마땅하도다
2 여호와께서 예루살렘을 세우시며 2
이스라엘의 흩어진 자들을 모으
시며
3 상심한 자들을 고치시며 그들의 3
상처를 싸매시는도다
4 그가 별들의 수효를 세시고 그것 4
들을 다 이름대로 부르시는도다
5 우리 주는 위대하시며 능력이 많 5
으시며 그의 지혜가 무궁하시도다
6 여호와께서 겸손한 자들은 붙드 6
시고 악인들은 땅에 엎드러뜨리
시는도다

1 여호와를 찬양하라

7 감사함으로 여호와께 노래하며
수금으로 하나님께 찬양할지어다
8 그가 구름으로 하늘을 덮으시며
땅을 위하여 비를 준비하시며 산
에 풀이 자라게 하시며
9 들짐승과 우는 까마귀 새끼에게
먹을 것을 주시는도다
10 여호와는 말의 힘이 세다 하여 기
뻐하지 아니하시며 사람의 다리가
억세다 하여 기뻐하지 아니하시고
11 여호와는 자기를 경외하는 자들
과 그의 인자하심을 바라는 자들
을 기뻐하시는도다
12 예루살렘아 여호와를 찬송할지어
다 시온아 네 하나님을 찬양할지
어다
13 그가 네 문빗장을 견고히 하시고
네 가운데에 있는 너의 자녀들에
게 복을 주셨으며
14 네 경내를 평안하게 하시고 아름
다운 밀로 너를 배불리시며

7

8

9

10

11

12

13

14

15 그의 명령을 땅에 보내시니 그의
말씀이 속히 달리는도다
16 눈을 양털 같이 내리시며 서리를
재 같이 흩으시며
17 우박을 떡 부스러기 같이 뿌리시
나니 누가 능히 그의 추위를 감당
하리요
18 그의 말씀을 보내사 그것들을 녹
이시고 바람을 불게 하신즉 물이
흐르는도다
19 그가 그의 말씀을 야곱에게 보이
시며 그의 율례와 규례를 이스라
엘에게 보이시는도다

15

16

17

18

19

DATE . . .

20 그는 어느 민족에게도 이와 같이
행하지 아니하셨나니 그들은 그
의 법도를 알지 못하였도다 [1]할
렐루야

20

시편으로 드리는 기도 우주와 인류 역사의 주인이신 하나님,
하나님의 말씀이 하나님의 통치 원리임을 믿고 말씀이 가르치는 삶을 살게 하소서.
말씀에 순종하여 하나님이 주시는 복을 누리게 하소서.

말씀 적용하기

1 여호와를 찬양하라

제148편

시인은 하나님이 지으신 모든 피조물을 찬양에 초대해,
다같이 하나님께 찬양과 영광을 돌리자고 권고합니다.

1 [1]할렐루야 하늘에서 여호와를 1
찬양하며 높은 데서 그를 찬양할
지어다
2 그의 모든 천사여 찬양하며 모든 2
군대여 그를 찬양할지어다
3 해와 달아 그를 찬양하며 밝은 별 3
들아 다 그를 찬양할지어다
4 하늘의 하늘도 그를 찬양하며 하 4
늘 위에 있는 물들도 그를 찬양
할지어다
5 그것들이 여호와의 이름을 찬양 5
함은 그가 명령하시므로 지음을
받았음이로다

---

1 여호와를 찬양하라

6 그가 또 그것들을 영원히 세우
시고 폐하지 못할 명령을 정하셨
도다
7 너희 용들과 바다여 땅에서 여호
와를 찬양하라
8 불과 우박과 눈과 안개와 그의
말씀을 따르는 광풍이며
9 산들과 모든 작은 산과 과수와
모든 백향목이며
10 짐승과 모든 가축과 기는 것과
나는 새며
11 세상의 왕들과 모든 백성들과 고
관들과 땅의 모든 재판관들이며
12 총각과 처녀와 노인과 아이들아
13 여호와의 이름을 찬양할지어다
그의 이름이 홀로 높으시며 그의
영광이 땅과 하늘 위에 뛰어나심
이로다

6

7

8

9

10

11

12

13

14 그가 그의 백성의 뿔을 높이셨으
니 그는 모든 성도 곧 그를 가까
이 하는 백성 이스라엘 자손의 찬
양 받을 이시로다 [1]할렐루야

14

시편으로 드리는 기도 하나님, 하나님이 베푸신 은혜와 구원을 바로 알게 하소서.
감사함으로 보답하는 삶을 살게 하시고,
모든 것을 받으시기에 합당하신 하나님만 찬양하게 하소서.

말씀 적용하기

1 여호와를 찬양하라

제149편

원수를 심판하시고 택한 백성을 구원하시는
하나님을 향한 이스라엘 민족의 찬양입니다.

1 [1]할렐루야 새 노래로 여호와께 1
노래하며 성도의 모임 가운데에
서 찬양할지어다
2 이스라엘은 자기를 지으신 이로 2
말미암아 즐거워하며 시온의 주
민은 그들의 왕으로 말미암아 즐
거워할지어다
3 춤 추며 그의 이름을 찬양하며 3
소고와 수금으로 그를 찬양할지
어다
4 여호와께서는 자기 백성을 기뻐 4
하시며 겸손한 자를 구원으로 아
름답게 하심이로다

1 여호와를 찬양하라

5 성도들은 영광 중에 즐거워하며
그들의 침상에서 기쁨으로 노래
할지어다
6 그들의 [1]입에는 하나님에 대한
찬양이 있고 그들의 손에는 두 날
가진 칼이 있도다
7 이것으로 뭇 나라에 보수하며 민
족들을 벌하며
8 그들의 왕들은 사슬로, 그들의
귀인은 철고랑으로 결박하고
9 기록한 판결대로 그들에게 시행
할지로다 [2]이런 영광은 그의 모
든 성도에게 있도다 [3]할렐루야

시편으로 드리는 기도 왕이신 하나님, 온 땅을 통치하시고
내 삶에도 왕으로 좌정해 계심을 믿습니다.
다른 어떤 것도 하나님 자리를 대신하지 못하도록 내 마음을 지켜주소서.

말씀 적용하기

1 히, 목구멍
2 여호와는 그 성도들의 영광이로다
3 여호와를 찬양하라

DATE . . .

제150편

이 시는 107-150편까지의 결론이자
전체 시편의 대단원을 장식하는 할렐루야 시입니다.

1 [1]할렐루야 그의 성소에서 하나님 1
을 찬양하며 그의 권능의 궁창에
서 그를 찬양할지어다
2 그의 능하신 행동을 찬양하며 그 2
의 지극히 위대하심을 따라 찬양
할지어다
3 나팔 소리로 찬양하며 비파와 수 3
금으로 찬양할지어다
4 소고 치며 춤 추어 찬양하며 현악 4
과 퉁소로 찬양할지어다
5 큰 소리 나는 제금으로 찬양하며 5
높은 소리 나는 제금으로 찬양할
지어다

1 여호와를 찬양하라

6 호흡이 있는 자마다 여호와를 찬

양할지어다 [1]할렐루야

6

시편으로 드리는 기도 우리의 찬양을 받으시는 하나님,
눈을 열어 제 삶에서 일하시는 하나님을 보게 하소서.
목소리 높여 하나님을 찬양하게 하소서.

말씀 적용하기

1 여호와를 찬양하라

내가 산을 향하여 눈을 들리라 나의 도움이 어디서 올까
나의 도움은 천지를 지으신 여호와에게서로다
여호와께서 너의 출입을 지금부터 영원까지 지키시리로다

_ 시 121:1-2, 8

세움 시편을 쓰다 2

초판 1쇄 발행 2021년 9월 28일

펴낸이 곽성종
기획편집 방재경
디자인 투에스

펴낸곳 (주)아가페출판사
등록 제21-754호(1995. 4. 12)
주소 (06698) 서울시 서초구 효령로8길 5 (방배동)
전화 584-4835(본사) 522-5148(편집부)
팩스 586-3078(본사) 586-3088(편집부)
홈페이지 www.iagape.co.kr

ISBN 978-89-537-9649-2 (04230)
978-89-537-9642-3 (세트)

아가페 출판사

모든 쓰기성경은 쓰기 전용펜을 사용하세요!

1. 잉크의 뭉침(볼펜 똥)이나 이물질이 없어 깨끗하게 쓸 수 있습니다.
2. 필사한 후에도 책이 전혀 두꺼워지지 않습니다.

일반용

* 신약성경의 예수님 말씀은 빨간색 펜을 사용하세요.

일반 필사&쓰기성경 전용펜 A5(검정/빨강)

가격 : 800원 / 9,600원 (1다스 12개)

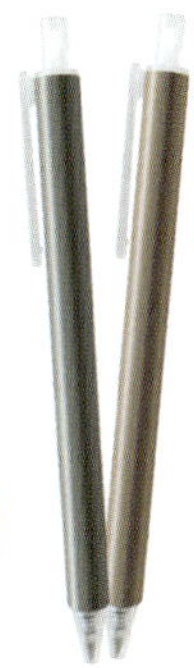

중용량

오피스펜 200 PLUS (검정)(그레이/골드)

가격 : 1,500원 / 15,000원 (1박스 10개)

중용량

필사&쓰기 전용펜 (고급)(블랙/투명)

가격 : 1,600원 / 19,200원 (1다스 12개)

아가페 수정 테이프 (본품+리필)(블루/핑크)

가격 : 3,000원

쓰기성경을 쓰다가 잘못 쓴 글씨는 수정 테이프를 사용하시면 좋습니다.

본문이 있는 채움 쓰기성경®

스탠다드 중

1. 성경 본문의 **가독성이** 뛰어나고 **1:1**로 맞추어 필사할 수 있는 쓰기성경입니다.
2. 성경 본문이 인쇄되어 있어, **언제 어디서든 필사**가 가능합니다.
3. 180도 **잘 펴지는 특수 제본**으로 편리하게 쓸 수 있습니다.
4. 필기감이 좋고, 비침이 적으며, 잉크가 번지지 않는 **최고급 종이**입니다.

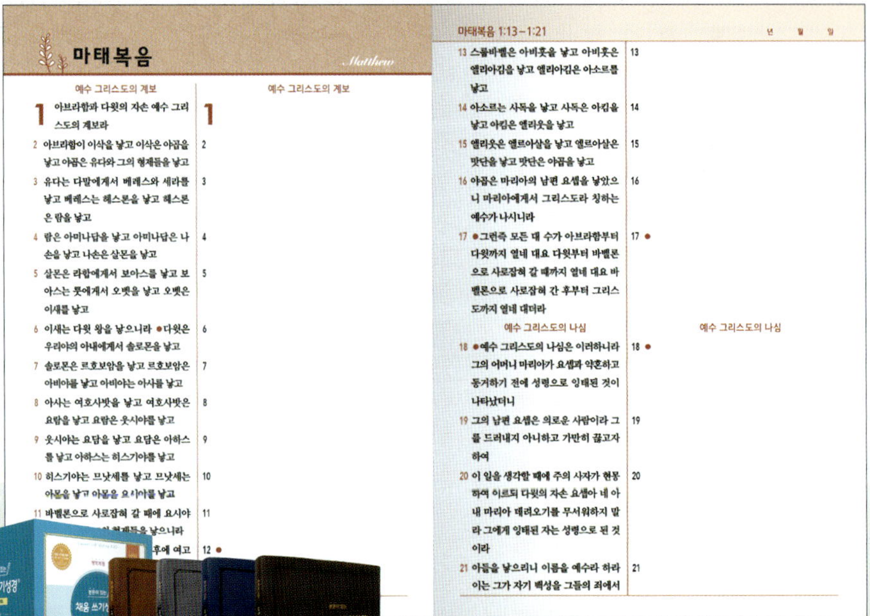

마태복음 Matthew

예수 그리스도의 계보

1 아브라함과 다윗의 자손 예수 그리스도의 계보라 | 1
2 아브라함이 이삭을 낳고 이삭은 야곱을 낳고 야곱은 유다와 그의 형제들을 낳고 | 2
3 유다는 다말에게서 베레스와 세라를 낳고 베레스는 헤스론을 낳고 헤스론은 람을 낳고 | 3
4 람은 아미나답을 낳고 아미나답은 나손을 낳고 나손은 살몬을 낳고 | 4
5 살몬은 라합에게서 보아스를 낳고 보아스는 룻에게서 오벳을 낳고 오벳은 이새를 낳고 | 5
6 이새는 다윗 왕을 낳으니라 ●다윗은 우리아의 아내에게서 솔로몬을 낳고 | 6
7 솔로몬은 르호보암을 낳고 르호보암은 아비야를 낳고 아비야는 아사를 낳고 | 7
8 아사는 여호사밧을 낳고 여호사밧은 요람을 낳고 요람은 웃시야를 낳고 | 8
9 웃시야는 요담을 낳고 요담은 아하스를 낳고 아하스는 히스기야를 낳고 | 9
10 히스기야는 므낫세를 낳고 므낫세는 아몬을 낳고 아몬은 요시야를 낳고 | 10
11 바벨론으로 사로잡혀 갈 때에 요시야 … 형제들을 낳으니라 | 11
… 후에 여고 | 12 ●

마태복음 1:13–1:21 　 년 월 일

13 스룹바벨은 아비훗을 낳고 아비훗은 엘리아김을 낳고 엘리아김은 아소르를 낳고 | 13
14 아소르는 사독을 낳고 사독은 아킴을 낳고 아킴은 엘리웃을 낳고 | 14
15 엘리웃은 엘르아살을 낳고 엘르아살은 맛단을 낳고 맛단은 야곱을 낳고 | 15
16 야곱은 마리아의 남편 요셉을 낳았으니 마리아에게서 그리스도라 칭하는 예수가 나시니라 | 16
17 ●그런즉 모든 대 수가 아브라함부터 다윗까지 열네 대요 다윗부터 바벨론으로 사로잡혀 갈 때까지 열네 대요 바벨론으로 사로잡혀 간 후부터 그리스도까지 열네 대더라 | 17 ●

예수 그리스도의 나심 | 예수 그리스도의 나심

18 ●예수 그리스도의 나심은 이러하니라 그의 어머니 마리아가 요셉과 약혼하고 동거하기 전에 성령으로 잉태된 것이 나타났더니 | 18 ●
19 그의 남편 요셉은 의로운 사람이라 그를 드러내지 아니하고 가만히 끊고자 하여 | 19
20 이 일을 생각할 때에 주의 사자가 현몽하여 이르되 다윗의 자손 요셉아 네 아내 마리아 데려오기를 무서워하지 말라 그에게 잉태된 자는 성령으로 된 것이라 | 20
21 아들을 낳으리니 이름을 예수라 하라 이는 그가 자기 백성을 그들의 죄에서 | 21

＋

세트 및 신약 구매 시 **쓰기성경 전용펜** 2종(검정, 빨강)을 증정해 드립니다.

- 세트 정가 (구약+신약) : ~~100,000원~~ ▸ **95,000원**
- 낱권 정가 (구약 ❶, ❷, ❸권, 신약) : 각 권 25,000원